에듀윌과 함께 시작하면,
당신도 합격할 수 있습니다!

오랜 직장 생활을 마감하며 찾아온 앞날에 대한 막연한 두려움
에듀윌만 믿고 공부해 합격의 길에 올라선 50대 은퇴자

출산한지 얼마 안돼 독박 육아를 하며 시작한 도전!
새벽 2~3시까지 공부해 8개월 만에 동차 합격한 아기엄마

만년 가구기사 보조로 5년 넘게 일하다, 달리는 차 안에서도
포기하지 않고 공부해 이제는 새로운 일을 찾게 된 합격생

누구나 합격할 수 있습니다.
시작하겠다는 '다짐' 하나면 충분합니다.

마지막 페이지를 덮으면,

에듀윌과 함께
공인중개사 합격이 시작됩니다.

15년간 베스트셀러 1위
에듀윌 공인중개사 교재

탄탄한 이론 학습! 기초입문서/기본서/핵심요약집

기초입문서(2종)

기본서(6종)

1차 핵심요약집+기출팩(1종)

출제경향 파악, 실전 엿보기! 단원별/회차별 기출문제집

단원별 기출문제집(6종)

회차별 기출문제집(2종)

다양한 문제로 합격점수 완성! 기출응용 예상문제집/실전모의고사

기출응용 예상문제집(6종)

실전모의고사(2종)

---

* 2023 대한민국 브랜드만족도 공인중개사 교육 1위 (한경비즈니스)
* YES24 수험서 자격증 공인중개사 베스트셀러 1위 (2011년 12월, 2012년 1월, 12월, 2013년 1월~5월, 8월~12월, 2014년 1월~5월, 7월~8월, 12월, 2015년 2월~4월, 2016년 2월, 4월, 6월, 12월, 2017년 1월~12월, 2018년 1월~12월, 2019년 1월~12월, 2020년 1월~12월, 2021년 1월~12월, 2022년 1월~12월, 2023년 1월~12월, 2024년 1월~12월, 2025년 1월 월별 베스트, 매월 1위 교재는 다름)
* YES24 국내도서 해당분야 월별, 주별 베스트 기준

📂 1개월

① 시행함 경작자의 경작공고일부터 **1개월 이내에 지구족 교부**
② 포상금 지급: 지급결정일부터 **1개월 이내에 지급**
③ 부동산 거래신고: 신고관청은 외국인의 신고한 내용을 매 분기 종료일부터 **1개월 이내에 시·도지사에게 제출**
④ 위 ③에 따라 신고받은 시·도지사는 **1개월 이내에 국토교통부장관에게 제출**
⑤ 토지거래허가구역: **1개월 이내 이의신청**, **1개월 이내에 분쟁조기자문회지에게** 처장, **1개월 이내에 선매협의 완료**

📂 2개월

"부동산 거래신고 등에 관한 법률상 신고관청 또는 허가관청은 신청서가 접수된 날부터 **2개월 이내에 포상금 지급**"

📂 60일

① 이전등기신청의무: 매매·교환 반대급부 이행이 종료일부터 **60일 이내 신청**
② 3개월 초과 휴업 → 소유권등기를 신청할 수 있게 된 경우: 신청할 수 있게 된 날부터 **60일 이내에 신청**
③ 보증기금를 사용할 수 있음에도 이를 하지 않고 계약을 체결한 경우: 계약체결일 날부터 **60일 이내에 신청**
④ 외국인등의 국내부동산 취득신고: 계약체결일부터 **60일 이내에 신고**

📂 3개월

① 개설등록 후 **3개월 이내에 업무개시하지 않은 경우**: 100만원 이하의 과태료
② 3개월 초과 휴업 → 미리 신고하지 않은 경우: 100만원 이하의 과태료
③ 거래정보사업자 지정받은 날부터 **3개월 이내에 운영규정을 정하여 국토교통부장관의 승인을 받아야 함**
④ 개설등록 시 온라인 공개 후 **3개월 이내에 일간신문 또는 중개사이의 공제사업 운용실적을 회계연도 종료 후 3개월 이내에 일간신문 또는 중개사이의 공제사업 운용실적을 회계연도 종료 후 3개월 이내에 일간신문 또는 중개사이 협회의 인터넷 홈페이지에 게시**
⑤ 일반 및 전속중개계약서의 유효기간: **3개월(약정)**
⑥ 토지거래허가구역: 이행명령은 문서로 하여야 하며, **3개월 이내로 정함**

📂 90일

지격시험 공고: 시행일 **90일 전까지는 일간신문, 관보, 방송 중 하나 이상에 공고하고, 인터넷 홈페이지에도 이를 공고**

📂 6개월

① 휴업기간: **6개월 초과 사유(원칙)**
② 개업공인중개사: **6개월의 범위 내에서 업무정지를 받을 수 있음**
③ 소속공인중개사: **6개월 범위 내에서 자격정지를 받을 수 있음**
④ 대금 나누업부터 **6개월 이내에 인도명령신청**
⑤ 외국인등의 국내부동산 취득신고(계약 이외/게소 포함): **6개월 이내에 신고**

📂 10개월

공장 및 광업재단의 소유권보존등기 후 **10개월 내에 처음권설정등기를 하지 않은 경우 채권등기의 요력 상실**

📂 1년

① 폐업신고 전 위반행위가 업무정지에 해당하는 행정처분 대상인 경우: **1년 위반행위 승계**
② 폐업신고 전 개업공인중개사에 대한 업무정지, 과태료 등 행정처분: 그 처분일부터 **1년 이내에 재등록 개업공인중개사에게 승계**
③ 거래정보사업자: 지정받은 날부터 **1년 이내에 부동산거래정보망 설치·운영**

📂 2년

금고 이상의 집행유예를 받고 그 유예기간이 만료된 날부터 **2년이 지나지 아니하면 결격사유에 해당됨**

📂 3년

① "공인중개사법, 위반으로 300만원 이상의 벌금형을 선고받은 날부터 **3년간 결격사유**
② "공인중개사법, 위반으로 등록이 취소된 경우: **3년간 결격사유**
③ 금고 이상 실형을 선고받은 경우: 종료나 집행면제 받고 **3년이 지나야 결격사유에서 벗어남**
④ 특별사면: 사면일 + **3년이 지나야 결격사유에서 벗어남**
⑤ 자격취소 받은 날부터 **3년이 지나야 결격사유에서 벗어남**
⑥ 업무정지 받은 날부터 **3년이 지나야 결격사유에서 벗어남**
⑦ 전속중개계약서의 제작기간: **3년**
⑧ 확인·설명서: 그 원본, 사본 또는 전자문서를 **3년간 보관**
⑨ 공탁금: 매수 또는 사망일부터 **3년간 회수**
⑩ 폐업신고 전 위반행위가 등록취소에 해당하는 행정처분 대상인 경우: **3년간 위반행위 승계**

📂 5년

① 거래계약서: 그 원본, 사본 또는 전자문서를 **5년간 보관**
② 부정행위를 한 응시자는 처분이 있는 날부터 **5년간 시험응시자격 정지**
③ 시험의 신뢰를 떨어뜨리는 돌발변경은 통보일부터 **5년간 위촉 X**
④ 대리암암: 확인, 설명서 또는 전자문서를 **5년간 보관대업무 → 사건가도는 5년간 보관**
⑤ 대리업무: 등록취소 → 업무정치 관련대장에 **5년간 보관**

암기끝장 ❹ | 시험에 꼭 나오는 기간

2025 에듀윌 공인중개사 입성장 그림 암기법과 함께 언제 어디서나 활용해보세요!

지체 없이

① 부정행위자 통보: 시험시행기관장이 다른 시험시행기관장에 지체 없이 통보
② 등록증 교부: 등지하고 지체 없이 교부
③ 분사무소 설치 통보: 주사무소 관할청은 지체 없이 통보
④ 분사무소 이전 통보: 주사무소 관할청은 이전 전 · 후 등록관청에 지체 없이 통보
⑤ 사무소 이전 시 서류 송부: 이전 후 등록관청에서 요청하면 지체 없이 서류 송부
⑥ 전속중개계약 시 공개내용 통지: 정보공개한 때에는 의뢰인에게 지체 없이 문서로 통지
⑦ 전속중개계약 시 거래완성사실 통보: 개업공인중개사는 거래정보사업자에게 지체 없이 통보
⑧ 거래정치시설 통보: 등록관청은 그 사실을 시 · 도지사에게 지체 없이 통보
⑨ 중회의결 보고: 협회는 중회의결사항을 국토교통부장관에게 지체 없이 보고
⑩ 건물멸시가: 이전신고, 폐업신고, 등록취소처분을 받은 경우 지체 없이 반기
⑪ 휴 · 폐업신고: 등록관청은 "부가가치세법상 신고서를 지체 없이 세무서장에게 송부

5일

① 자격취소소: 시 · 도지사는 자격취소처분을 한 때에는 5일 이내에 국토교통부장관에게 보고
② 토지거래허가구역: 지정공고한 날부터 5일 후 효력 발생

7일

① 시험장수 마감일 다음 날부터 7일 이내에 취소 시 납부한 수수료의 60/100 반환
② 중개사무소 개설등록신청 받은 날부터 7일 이내에 신청인에게 서면 통지
③ 인정병 경등록: 변경일부터 7일 이내에 정보등록
④ 전속중개계약 체결: 7일 이내에 정보공개
⑤ 자격취소처분 받은 날부터 7일 이내에 자격증 반납
⑥ 등록취소처분 받은 날부터 7일 이내에 등록증 반납
⑦ 대리연무: 등록취소를 받은 날부터 7일 이내에 관할법원에 등록증 반납

10일

① 시험시행 10일 전까지 취소 시 납부한 수수료의 50/100 반환
② 사무소 이전신고(주사무소 · 분사무소 포함): 이전 후 10일 이내에 이전신고
③ 고용관계 종료신고: 고용관계 종료된 날부터 10일 이내에 신고
④ 인터넷 표시 · 광고 모니터링: 시 · 도지사 및 등록관청에 통보
⑤ 부동산거래신고관청의 신고내용 10일 이내에 국토교통부장관에게 통보
   별 조치를 완료한 후 10일 이내에 국토교통부장관에게 결과 조사 및 조치 결과 통보

매월 10일, 다음 달 10일

① 부동산거래정보사업자 신고센터: 매월 10일까지 직전 달의 신고사항 접수 및 처리결과를 국토교통부장관에게 제출
② 협회 통보: 등록관청은 다음 달 10일까지 협회에 공문

15일

① 수시 모니터링업무: 완료한 날로부터 15일 이내에 결과보고서를 국토교통부장관에게 제출
② 외국인등이 국내부동산 취득: 15일 이내에 허가 · 불허가 통지
③ 토지거래허가신청: 15일 이내에 허가 · 불허가 통지
④ 손해배상을 한 때: 15일 이내에 보충금 금충 부족하게 된 금액을 보전

30일

① 국토교통부장관은 업무를 위탁한 날부터 30일 이내에 공고하거나 고시
② 기본 모니터링업무: 매 분기 마지막 날부터 30일 이내에 결과보고서를 국토교통부장관에게 제출
③ 부동산 거래신고: 계약체결일부터 30일 이내에 신고
④ 토지거래허가: 이행강제금 부과받은 자의 이의신청은 30일 이내에
⑤ 개업자: 지업장치 설치 후 30일 이내에 신고

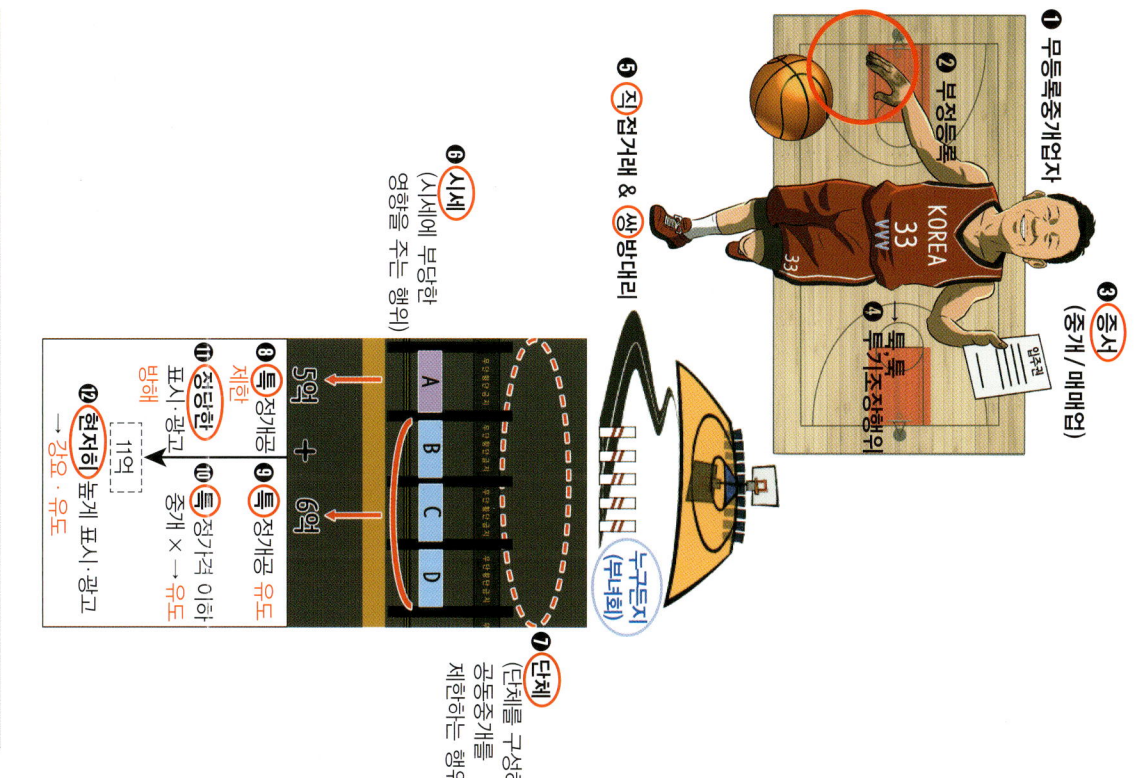
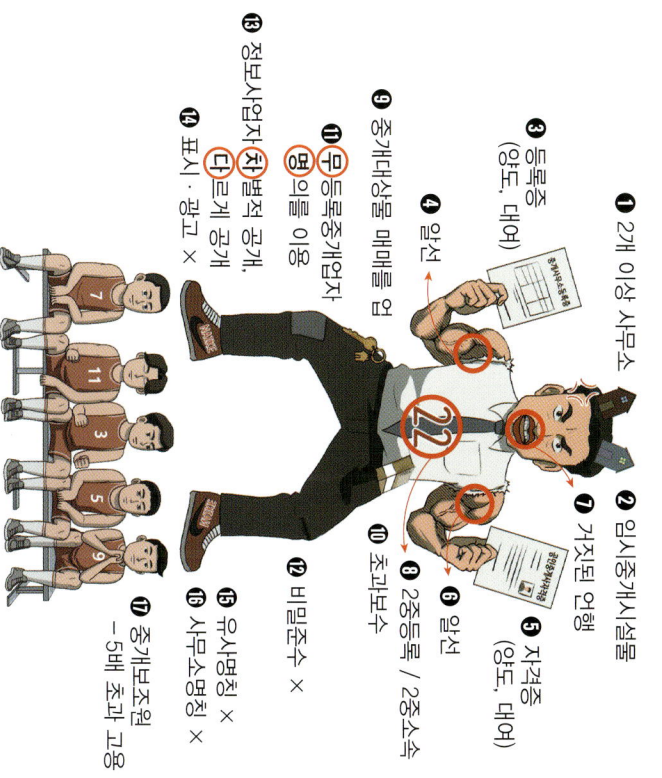

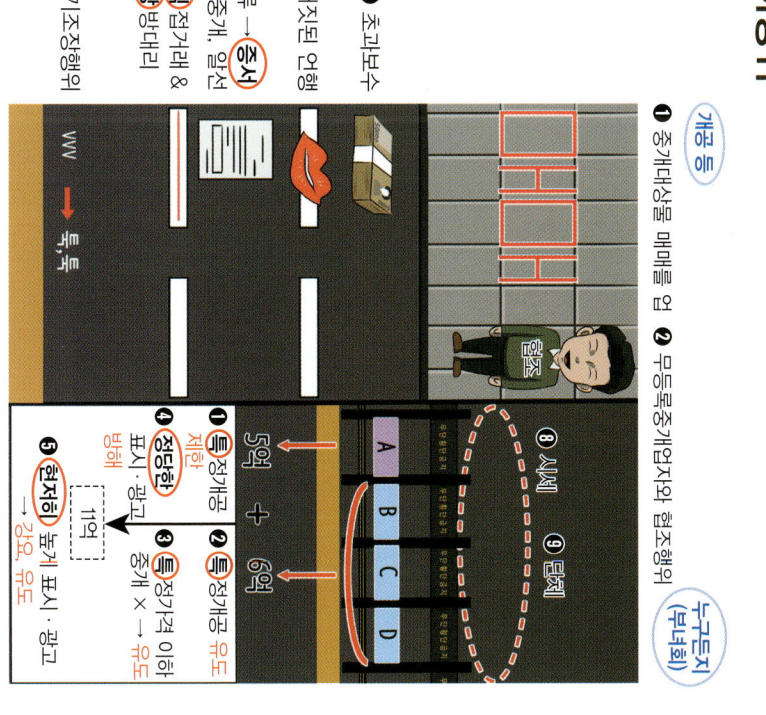

암기꿀잠 ❸ 벌칙 및 제재 그림 암기법

절대적 등록취소사유

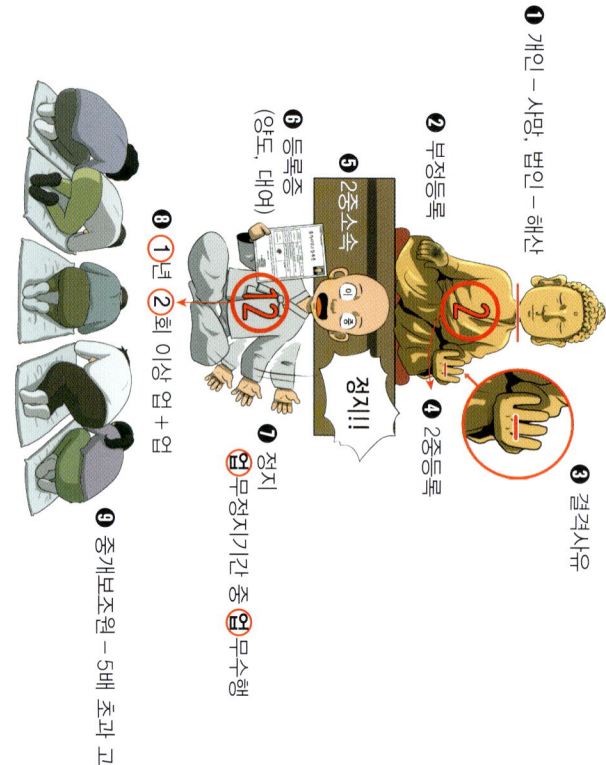

① 개인 – 사망, 법인 – 해산
② 부정등록
③ 결격사유
④ 2중등록
⑤ 2중소속
⑥ 등록증 (양도, 대여)
⑦ 정지 업무정지기간 중 업무수행
⑧ 1년 2회 이상 업 + 업
⑨ 중개보조원 – 5배초과 고용

상대적 등록취소사유

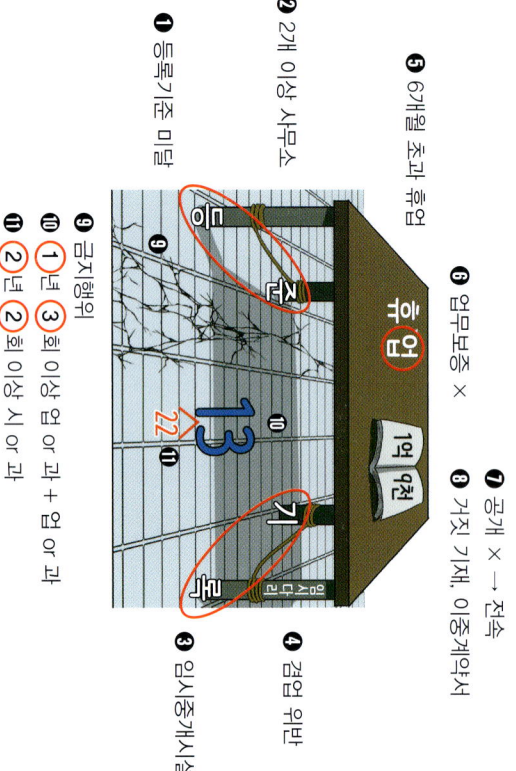

① 등록기준 미달
② 2개 이상 사무소
③ 6개월 초과 휴업
④ 결격 위반
⑤ 업무보증 X
⑥ 거짓 기재, 이중계약서
⑦ 공개 X → 전속
⑧ 개정 위반
⑨ 금지행위
⑩ 1년 3회 이상 업 or 과 + 업 or 과
⑪ 2년 2회 이상 시 or 과
⑫ 임시중개시설물

500만원 이하의 과태료사유

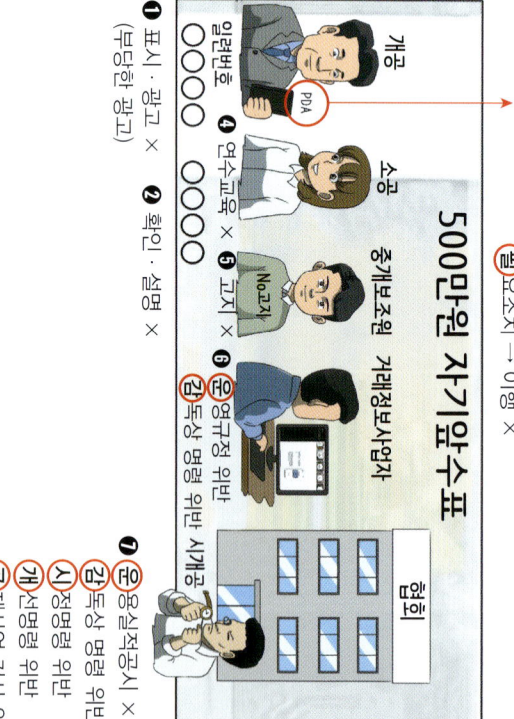

③ 정보통신서비스 제공자 자료제출요구 → 불응 필요조치 → 이행 X
① 인장등록 ○○○○
② 휴업 · 폐업 · 재개 · 변경 X (부동산 광고)
④ 연수교육 X
⑤ 고지 No.고지
⑥ 운영규정 위반
⑦ 감독상 명령 위반
⑧ 독점성 명령 위반 시계공
① 운용실적공시 X
② 감독상 명령 위반
③ 시정명령 위반
④ 개선명령 위반
⑤ 업무검사 위반

100만원 이하의 과태료사유

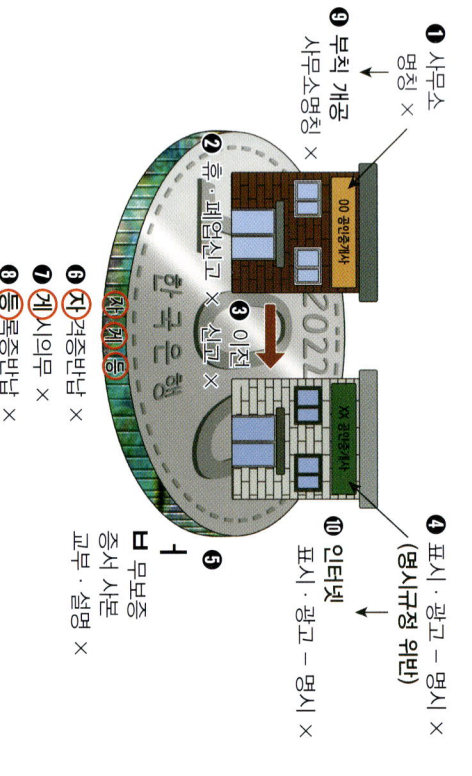

① 사무소 명칭
② 옥외광고물
③ 이전신고 X
④ 표시 · 광고 – 명시 X (명시규정 위반)
⑤ 인터넷 표시 · 광고 X
⑥ 중개대상물 확인 · 설명
⑦ 게시의무 X
⑧ 등록증 반납
⑨ 부칙 개정 사무소명칭
⑩ 표시 · 광고 – 명시

〈공인중개사법〉

1년 이하의 징역 또는 1천만원 이하의 벌금사유
① 2개 이상 사무소
② 임시중개시설물
③ 성명·상호·등록증 양도·대여 또는 대여받은 자
④ 누구든지 ③에서 금지한 행위를 알선한 자
⑤ 성명·자격증 양도·대여 또는 대여받은 자
⑥ 누구든지 ⑤에서 금지한 행위를 알선한 자
⑦ 거짓된 언행
⑧ 중개독·중개소속
⑨ 중개대상물 매매를 업으로 하는 행위
⑩ 초과보수 수수행위
⑪ **무등록개업공인중개사**에게 이용하게 하는 행위 또는 중개의뢰를 받는 행위
⑫ 비밀준수의무 X
⑬ 거래정보사업자 - 차별적 공개, 다르게 공개
⑭ **개업공인중개사**가 아닌 자가 표시·광고의무 위반
⑮ 공인중개사가 아닌 자가 유사명칭 사용
⑯ **개업공인중개사**가 아닌 자가 사무소명칭 사용
⑰ 개업공인중개사가 개업공인중개사와 소속공인중개사를 합한 수의 5배를 초과하여 중개보조원을 고용한 경우

500만원 이하의 과태료사유

(1) 개업공인중개사
① 부당한 표시·광고행위를 한 경우
② 확인·설명을 하지 아니하거나 설명의 근거자료를 제시하지 아니한 경우

(2) 정보통신서비스 제공자
① 자료를 제출하지 아니한 경우
② 필요한 조치를 하지 아니한 경우

(3) 개업공인중개사 - 소속공인중개사 - **연수교육이수의무 X**

(4) 개업공인중개사, 중개보조원
중개의뢰인에게 본인이 중개보조원이라는 사실을 미리 알리지 아니한 사람 및 그가 소속된 개업공인중개사인 경우. 다만, 개업공인중개사가 그 위반행위를 방지하기 위하여 해당 업무에 관하여 상당한 주의와 감독을 게을리하지 아니한 경우는 제외

(5) 거래정보사업자
① 운영규정 위반
② 감독상 명령 위반

(6)월회
① 운영실적공시 X
② 감독상 명령 위반
③ 시정명령 위반, 임원에 대한 징계·해임요구에 응하지 않은 경우
④ 개선명령 위반
⑤ 공제사업 검사시정 위반(금융감독원장 - 국토교통부장관 요청)

100만원 이하의 과태료사유
① 사무소명칭 X
② 휴업신고·폐업신고 X
③ 이전신고 X
④ 표시·광고 - 명시 X(명시 위반)
⑤ 업무중단증서 사본 교부 X
⑥ 자격증반납 X
⑦ 게시의무 X
⑧ 등록증반납 X
⑨ 부착개업공인중개사 - 사무소명칭 X
⑩ 인터넷 표시·광고 - 명시 X

〈부동산 거래신고 등에 관한 법률〉

3년 이하의 징역 또는 3천만원 이하의 벌금
부동산에 재물이나 재산상 이득을 취득하거나 취득하게 할 목적으로 계약을 체결하지 아니하였음에도 거짓으로 거래신고를 하거나 해제 등이 되지 아니하였음에도 불구하고 거짓으로 부동산 거래의 해제 등을 신고한 경우

2년 이하의 징역 또는 2천만원 이하의 벌금
외국인등이 허가받지 아니하고 체결 또는 부정한 방법으로 허가를 받아 체결한 경우

2년 이하의 징역 또는 토지가격 30%에 해당하는 금액 이하의 벌금
토지거래허가구역 내에서 하가, 변경허가를 받지 않고 체결한 경우

1년 이하의 징역 또는 1천만원 이하의 벌금
토지거래허가구역 내에서 하가취소, 처분, 조치명령을 위반한 경우

3천만원 이하의 과태료
① 계약을 체결하지 아니하였음에도 불구하고 거짓으로 거래신고를 한 경우
② 해제등이 되지 아니하였음에도 불구하고 거짓으로 해제등 신고를 한 경우
③ 거래대금 지급증명자료 제출 X, 거짓 제출 또는 필요한 조치이행 X

500만원 이하의 과태료
① 부동산 거래신고를 하지 아니한 거래당사자(공동신고를 거부한 자)
② **해제등에 관한 신고를 하지 아니한 자**(공동신고를 거부한 자)
③ 거래신고를 하지 아니하게 하거나 거짓 신고를 요구한 자
④ 거짓으로 부동산 거래신고를 조장하거나 방조한 자
⑤ 거래대금 지급증명자료 외의 자료 제출 X, 거짓 제출

취득가액의 10% 이하의 과태료
부동산 거래신고 - **거짓 신고** 또는 신고의무자가 아닌 자가 거짓 신고

300만원 이하의 과태료
외국인등이 계약체결 후 60일 이내 신고 X 또는 거짓 신고

100만원 이하의 과태료
① 외국인등이 6개월 이내 계약 외 원인 신고 X, 계속보유 신고 X
② 주택임대차계약의 신고 X, 변경 및 해제신고 X, 거짓 신고

암기팡 ❷ | 벌칙 및 제재 정리

2025 에듀윌 공인중개사 임성진 교수 암기법과 함께 언제 어디서나 활용해보세요!

절대적 등록취소사유
① 개업공인중개사 사망, 법인의 해산
② 부정한 방법으로 개설등록한 경우
③ 결격사유에 해당하는 경우
④ 2중등록
⑤ 2중소속
⑥ 다른 사람에게 자기의 성명 또는 상호를 사용하여 중개업무를 하게 하거나 등록증을 양도 또는 대여한 경우
⑦ 업무정지기간 중에 업무를 수행하거나 자격정지를 받은 소속공인중개사에게 중개업무를 하게 한 경우
⑧ 1년에 2회 이상 업 + 업
⑨ 개업공인중개사가 개업공인중개사와 소속공인중개사를 합한 수의 5배를 초과하여 중개보조원을 고용한 경우

상대적 등록취소사유
① 등록기준 미달
② 2개 이상 사무소
③ 임시중개시설물
④ 결업 위반
⑤ 6개월 초과 휴업
⑥ 업무보증 설정을 하지 아니한 경우
⑦ 전속중개계약 – 정보공개의무 X
⑧ 거래계약서 – 거짓 기재, 이중계약서
⑨ 금지행위(법 제33조 제1항)
⑩ 1년에 3회 이상 업 or 과 + 업
⑪ 「독점규제 및 공정거래에 관한 법률」– 2년에 2회 이상 시정조치 or 과징금

업무정지사유
① 결격사유에 해당하는 고용인
② 휴업·설명서 작성·교부·보존 X
③ 거래계약서 설명서 작성
④ 확인·설명서 서명 및 날인 X
⑤ 거래계약서 서명 및 날인 X
⑥ 전속중개계약서 작성·교부·보존 X
⑦ 부동산거래정보망 – 거짓 공개, 통보의무 X
⑧ 인장등록 X, 사용 X
⑨ 감독상 명령 위반
⑩ 상대적 등록취소 해당
⑪ 최근 1년에 2회 이상 업 or 과 + 과
⑫ 기타 이 법, 명령, 처분 위반
⑬ 「독점규제 및 공정거래에 관한 법률」– 시정조치 or 과징금
⑭ 부칙 개업공인중개사 – 업무지역 범위 위반

자격취소사유
① 다른 사람에게 자기의 성명을 사용하여 중개업무를 하게 하거나, 자격증을 양도 또는 대여한 경우
② 부정한 방법으로 자격증을 취득한 경우
③ 자격정지기간 중 중개업무, 이중소속
④ 「공인중개사법, 또는 공인중개사의 직무와 관련하여 형법규정을 위반하여 금고 이상형(집행유예를 포함)을 선고받은 경우

자격정지사유
① 이중소속
② 거래계약서 – 거짓 기재, 이중계약서
③ 인장등록 X, 사용 X
④ 확인·설명 X, 설명 근거자료 제시 X
⑤ 확인·설명서 서명 및 날인 X
⑥ 거래계약서 서명 및 날인 X
⑦ 금지행위(법 제33조 제1항)

지정취소사유 → 가 (은) 의 청 개
① 가: 거짓이나 부정한 방법으로 지정을 받은 경우
② 은: 운영규정 위반
③ 의: 의뢰받은 내용과 차별적 공개, 다르게 공개
④ 청: 정당한 사유 없이 1년 이내에 설치·운영 X
⑤ 개: 계속적인 운영이 불가능한 경우(사망/해산)

3년 이하의 징역 또는 3천만원 이하의 벌금사유
① 무등록중개업자
② 부정한 방법으로 개설등록한 자
③ 중개의 중개 또는 매매업
④ 투기조장행위
⑤ 직접거래 및 쌍방대리
⑥ 시세에 부당한 영향을 주는 행위
⑦ 단체를 구성하여 중개를 제한하는 행위
⑧ 특정 개업공인중개사 – 중개의뢰 제한하는 행위
⑨ 특정 개업공인중개사 – 중개의뢰 유도하는 행위
⑩ 특정 가격 이하로 이뤄지지 않도록 유도하는 행위
⑪ 정당한 표시·광고 방해행위
⑫ 현저히 높게 표시·광고 – 강요, 유도하는 행위

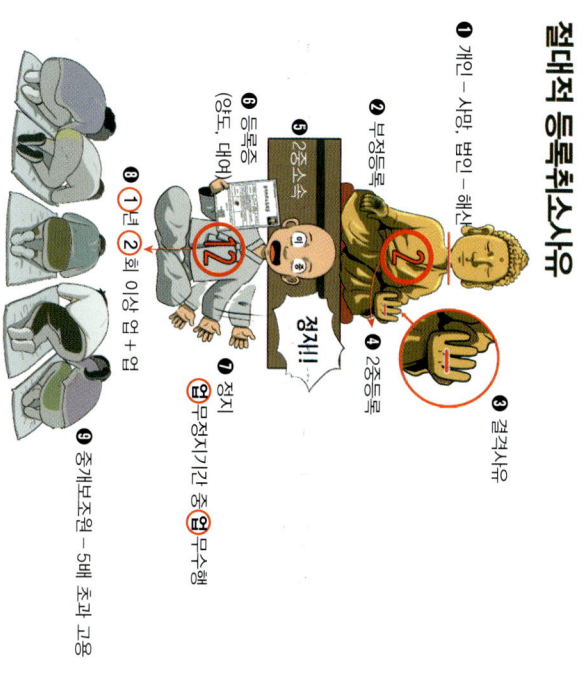
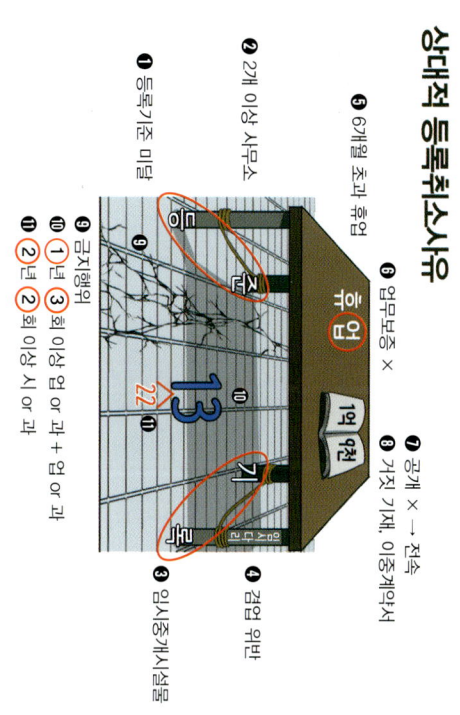
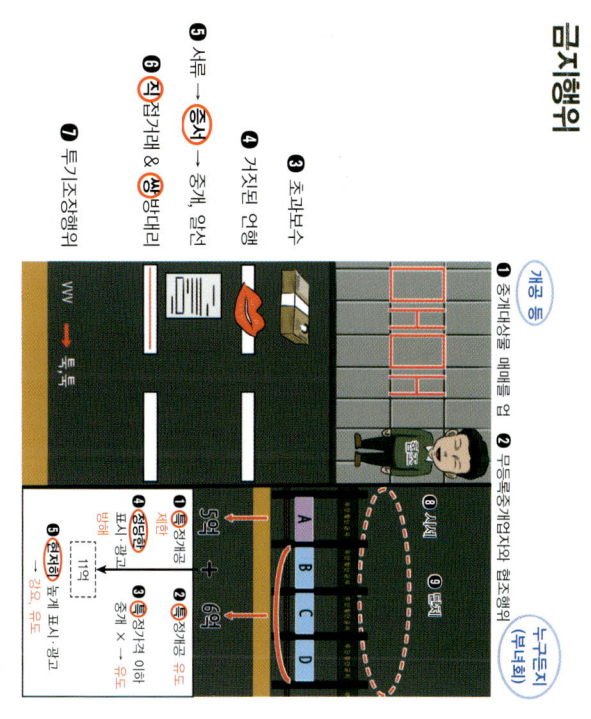

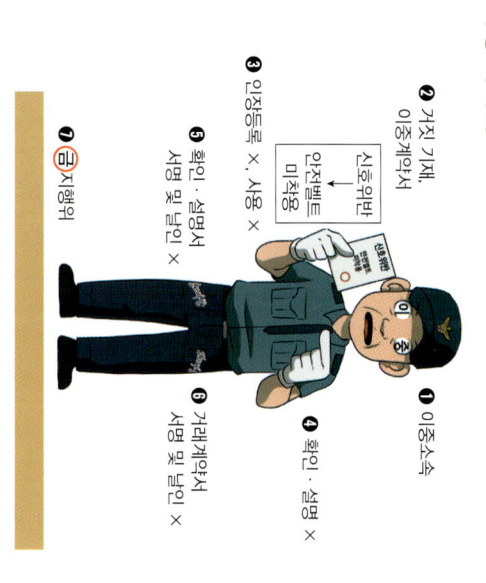
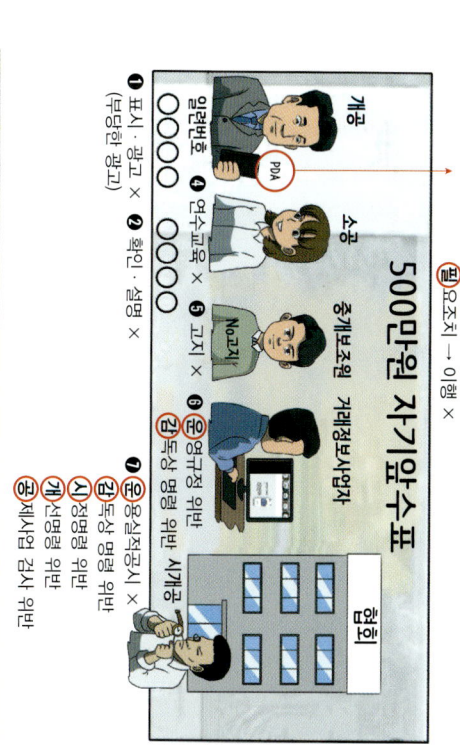
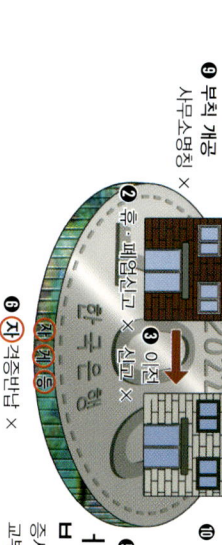
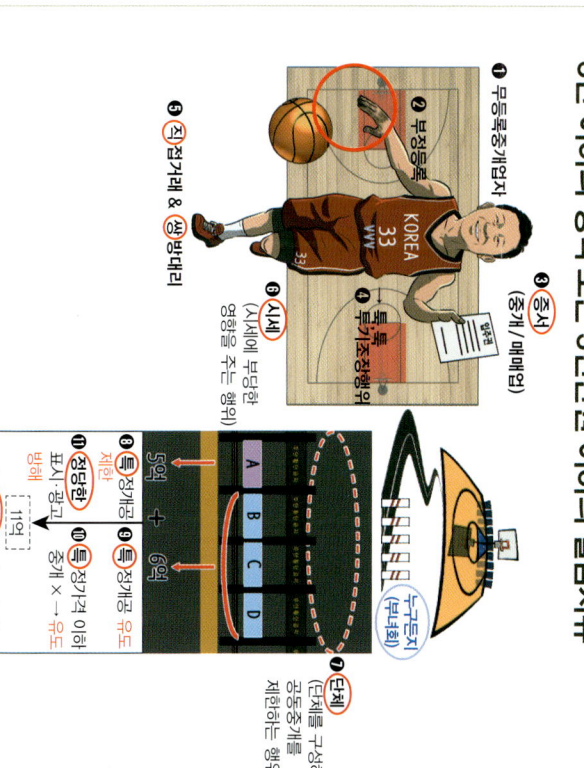
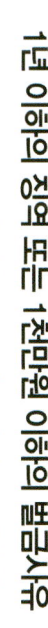
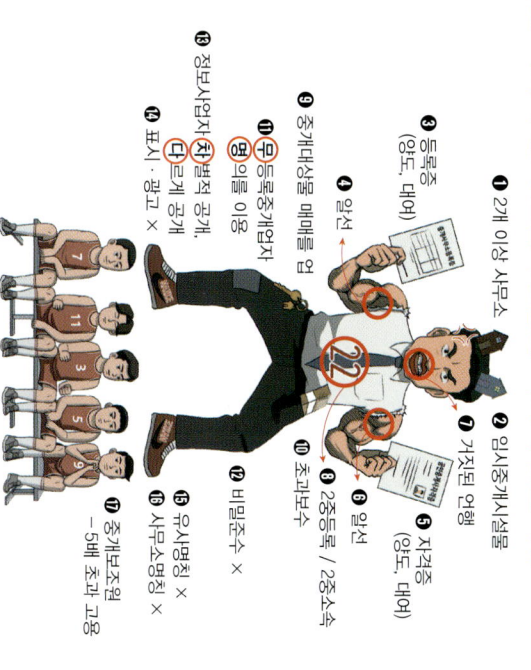

암기끝장 ❶ 책받침 암기자료

2025 에듀윌 공인중개사 임선정 그림 암기법과 함께 언제 어디서나 활용해보세요!

절대적 등록취소사유

① 개업공인중개사 사망, 법인의 해산
② 부정한 방법으로 개설등록한 경우
③ 결격사유에 해당하는 경우
④ 이중등록
⑤ 이중소속
⑥ 다른 사람에게 자기의 성명 또는 상호를 사용하여 중개업무를 하게 하거나 중개사무소등록증을 양도 또는 대여한 경우
⑦ 업무정지기간 중에 중개업무를 수행하거나 자격정지처분을 받은 소속공인중개사에게 중개업무를 하게 한 경우
⑧ 1년에 2회 이상 업무정지
⑨ 개업공인중개사가 개설등록 후 업무개시 전 인장등록을 하지 아니한 경우

상대적 등록취소사유

① 등록기준 미달
② 2개 이상 사무소
③ 임시중개시설물
④ 겸업 위반
⑤ 6개월 초과 휴업
⑥ 거래계약서 작성 등 업무를 수행하지 아니한 경우
⑦ 전속중개계약 - 정보공개의무 X
⑧ 거래계약서 - 거짓 기재, 이중계약서
⑨ 금지행위(법 제33조 제1항)
⑩ 1년에 3회 이상 업무정지 or 과 + 업 or 과
⑪ 최근 1년에 2회 이상 업무 위반 → 1개월
⑫ 기타 이 법 위반 → 3회

업무정지사유

⑦ 전속중개계약 - 정보공개의무 X
⑧ 거래계약서 - 거짓 기재, 이중계약서
⑨ 금지행위(법 제33조 제1항)
⑩ 상대적 등록취소 해당
⑪ 1년에 3회 이상 업무 위반 or 과 + 업 or 과
⑫ 1년에 2회 이상 업 or 과 + 과 or 과
⑬ 독점규제 및 공정거래에 관한 법률, 시정조치 or 과징금
⑭ 부동산거래신고법 - 업무지역 범위 위반 - 2년에 2회 이상 시정조치 or 과징금

자격취소사유

① 다른 사람에게 자기의 성명을 사용하여 중개업무를 하게 하거나, 자격증을 양도 또는 대여한 경우
② 부정한 방법으로 자격증을 취득한 경우
③ 자격정지기간 중 중개업무, 이중소속
④ 「공인중개사법」, 또는 공인중개사의 직무와 관련하여 형법상 특정범죄로 금고 이상의 선고형을 받은 경우

자격정지사유

① 이중소속
② 거래계약서 - 거짓 기재, 이중계약서
③ 인장등록 X, 사용 X
④ 확인·설명 X, 설명 근거자료 제시 X
⑤ 확인·설명서 날인 및 날인 X
⑥ 거래계약서 서명 및 날인 X
⑦ 금지행위(법 제33조 제1항)

지정취소사유 → 거(운)(임)(정)(계)

① 거짓이나 부정한 방법으로 지정을 받은 경우
② 운영규정 위반
③ 의뢰받은 내용과 차별적 공개 또는 다르게 공개
④ 정당한 사유 없이 1년 이내에 설치 X
⑤ 계속적인 운영이 불가능한 경우(사망/해산)

3년 이하의 징역 또는 3천만원 이하의 벌금사유

① 무등록중개업자
② 부정한 방법으로 개설등록한 자
③ 중개사 중개를 의뢰받는 행위
④ 투기조장행위
⑤ 직접거래 및 쌍방대리
⑥ 부동산거래질서교란행위
※ 부동산거래질서교란행위
   ⑦ 시세에 부당한 영향을 주는 행위
   ⑧ 단체를 구성하여 중개를 제한하는 행위
   ⑨ 특정 개업공인중개사 - 중개의뢰 재유인행위
   ⑩ 특정 개업공인중개사 - 중개의뢰 유도행위
   ⑪ 특정 가격 이하로 중개의뢰 유도행위
   ⑫ 현저히 높게 표시·광고 시 바레행위

1년 이하의 징역 또는 1천만원 이하의 벌금사유

① 2개 이상 사무소
② 임시중개시설물
③ 성실·정확하게 중개하지 아니한 자
④ 누구든지 부당한 이익 일산하게 한 자
⑤ 성명·자격증 양도·대여한 자
⑥ 누구든지 금지된 행위를 일산한 자
⑦ 거짓된 언행
⑧ 2중등록, 2중소속
⑨ 중개보수 매매를 알코스 하는 행위
⑩ 조사검사 수수업무
⑪ 무등록중개업자에 의뢰하는 행위
⑫ 중개사무소 명칭사용·차별 중개의뢰 다르게 공개
⑬ 거래정보사업자 - 차별 중개의뢰 다르게 공개
⑭ 비밀준수의무 위반
⑮ 개업공인중개사가 아닌 자가 유사명칭 위반
⑯ 공인중개사가 아닌 자기 자격증표시 위반
⑰ 개업공인중개사가 개업공인중개사 아닌 자의 중개보조원 고용한 경우

500만원 이하의 과태료사유(공인중개사법)

(1) 개업공인중개사

① 부동산 표시·광고위반 한 자
② 확인·설명을 성실하게 하지 아니하거나 설명의 근거자료를 제시하지 아니한 자
③ 정보통신서비스 제공자

(2) 개업공인중개사 아닌 자

① 확인·설명을 성실하게 하지 아니한 경우
② 자료를 제출하지 아니한 경우
③ 개업공인중개사 - 소속공인중개사가 연수교육 받지 아니한 경우
④ 개업공인중개사 - 손해배상보험 설정 X
⑤ 거래정보사업자 - 운영규정 위반
⑥ 휴업·폐업·휴업기간 변경 신고 X
(6) 협회 - ① 운영실적 신고 X ② 감독상 명령 위반
⑦ 시·도지사 또는 국토부장관의 요구에 응하지 않는 경우 ③ 개설등록 위반 ④ 운영실적 위반 국토교통부장관 요구

부동산 거래신고 등에 관한 법률

3년 이하의 징역 또는 3천만원 이하의 벌금

• 부동산 취득을 목적으로 하는 계약을 체결한 후 거짓으로 허위 또는 부당한 방법으로 거래신고 X 계약을 체결한 자 또는 부동산거래신고를 한 자

2년 이하의 징역 또는 2천만원 이하의 벌금

• 해제 등이 되지 아니하였음에도 불구하고 거짓으로 해제 등 신고를 한 자
• 거래대금지급에 관한 자료를 제출하지 않거나 거짓으로 제출한 자

3천만원 이하의 과태료

① 개업공인중개사의 부동산 거래신고를 하지 아니한 자
② 거래신고 관련 자료 요구에 거짓 신고를 요구한 자
③ 거짓으로 부동산거래정보를 조장하거나 방조한 자
④ 거짓으로 신고를 하는 행위
⑤ 거래대금 지급증명자료 외의 자료 제출

취득가격 10% 이하의 과태료

• 부동산 거래신고, 거짓 신고 과태료

500만원 이하의 과태료

① 부동산 거래신고를 하지 아니한 거래당사자(공동신고를 거부한 자)
② 해제등에 관한 신고를 하지 아니하거나 거짓 신고한 자
③ 거짓으로 부동산 거래신고를 조장하거나 방조한 자

300만원 이하의 과태료

• 외국인등의 취득신고 X 또는 거짓 신고

100만원 이하의 과태료

① 외국인등의 6개월 이내 계약 외 원인 신고 X, 계속보유 신고 X
② 주택임대차계약의 신고 X, 변경 및 해제신고 X, 거짓 신고

에듀윌 공인중개사

합격을 위한 비법 대공개! 합격서

이영방 합격서
부동산학개론

심정욱 합격서
민법 및 민사특별법

임선정 합격서
공인중개사법령 및 중개실무

김민석 합격서
부동산공시법

한영규 합격서
부동산세법

오시훈 합격서
부동산공법

신대운 합격서
쉬운민법

취약점 보완에 최적화! 저자별 부교재

임선정 그림 암기법
공인중개사법령 및 중개실무

오시훈 키워드 암기장
부동산공법

심정욱 합격패스 암기노트
민법 및 민사특별법

심정욱 핵심체크 OX
민법 및 민사특별법

시험 전, 이론&문제 한 권으로 완벽 정리! 필살키

이영방 필살키

심정욱 필살키

임선정 필살키

오시훈 필살키

김민석 필살키

한영규 필살키

신대운 필살키

더 많은
공인중개사 교재

* 해당 교재의 이미지는 변경될 수 있습니다.

공인중개사 1위

공인중개사,
에듀윌을 선택해야 하는 이유

9년간 아무도 깨지 못한 기록
합격자 수 1위

합격을 위한 최강 라인업
1타 교수진

공인중개사

합격만 해도 연 최대 300만원 지급
에듀윌 앰배서더

업계 최대 규모의 전국구 네트워크
동문회

* 2023 대한민국 브랜드만족도 공인중개사 교육 1위 (한경비즈니스)
* KRI 한국기록원 2016, 2017, 2019년 공인중개사 최다 합격자 배출 공식 인증 (2025년 현재까지 업계 최고 기록) * 에듀윌 공인중개사 과목별 온라인 주간반 강사별 수강점유율 기준 (2024년 11월)
* 앰배서더 가입은 에듀윌 공인중개사 수강 후 공인중개사 최종 합격자이면서, 에듀윌 공인중개사 동문회 정회원만 가능합니다. (상세 내용 홈페이지 유의사항 확인 필수)
* 에듀윌 공인중개사 동문회 정회원 가입 시, 가입 비용이 발생할 수 있습니다.   * 앰배서더 서비스는 당사 사정 또는 금융당국의 지도 및 권고에 의해 사전 고지 없이 조기종료될 수 있습니다.

에듀윌 공인중개사

1위 에듀윌만의
체계적인 합격 커리큘럼

합격자 수가 선택의 기준, 완벽한 합격 노하우
온라인 강의

① 전 과목 최신 교재 제공
② 업계 최강 교수진의 전 강의 수강 가능
③ 합격에 최적화 된 1:1 맞춤 학습 서비스

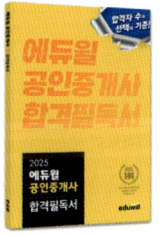 

쉽고 빠른 합격의 첫걸음 **합격필독서 무료** 신청

최고의 학습 환경과 빈틈 없는 학습 관리
직영학원

① 현장 강의와 온라인 강의를 한번에
② 시험일까지 온라인 강의 무제한 수강
③ 강의실, 자습실 등 프리미엄 호텔급 학원 시설

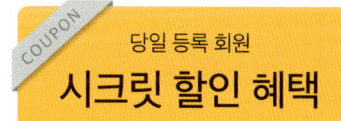 

설명회 참석 당일 등록 시 **특별 수강 할인권** 제공

친구 추천 이벤트

"**친구 추천**하고 한 달 만에
920만원 받았어요"

친구 1명 추천할 때마다 현금 10만원 제공
추천 참여 횟수 무제한 반복 가능

※ *a*o*h**** 회원의 2021년 2월 실제 리워드 금액 기준
※ 해당 이벤트는 예고 없이 변경되거나 종료될 수 있습니다.

친구 추천 이벤트
바로가기

자세한 내용이 궁금하다면 1600-6700
* 2023 대한민국 브랜드만족도 공인중개사 교육 1위 (한경비즈니스)

eduwill

공인중개사 1위

합격자 수 1위 에듀윌
7만 건이 넘는 후기

고○희 합격생

부알못, 육아맘도 딱 1년 만에 합격했어요.

저는 부동산에 관심이 전혀 없는 '부알못'이었는데, 부동산에 관심이 많은 남편의 권유로 공부를 시작했습니다. 남편 지인들이 에듀윌을 통해 많이 합격했고, '합격자 수 1위'라는 광고가 좋아 에듀윌을 선택하게 되었습니다. 교수님들이 커리큘럼대로만 하면 된다고 해서 믿고 따라갔는데 정말 반복 학습이 되더라고요. 아이 둘을 키우다 보니 낮에는 시간을 낼 수 없어서 밤에만 공부하는 게 쉽지 않아 포기하고 싶을 때도 있었지만 '에듀윌 지식인'을 통해 합격하신 선배님들과 함께 공부하는 동기들의 위로가 큰 힘이 되었습니다.

이○용 합격생

군복무 중에 에듀윌 커리큘럼만 믿고 공부해 합격

에듀윌이 합격자가 많기도 하고, 교수님이 많아 제가 원하는 강의를 고를 수 있는 점이 좋았습니다. 또, 커리큘럼이 잘 짜여 있어서 잘 따라만 가면 공부를 잘 할 수 있을 것 같아 에듀윌을 선택했습니다. 에듀윌의 커리큘럼대로 꾸준히 따라갔던 게 저만의 합격 비결인 것 같습니다.

안○원 합격생

5개월 만에 동차 합격, 낸 돈 그대로 돌려받았죠!

저는 야쿠르트 프레시매니저를 하다 60세에 도전하여 합격했습니다. 심화 과정부터 시작하다 보니 기본이 부족했는데, 교수님들이 하라는 대로 기본 과정과 책을 더 보면서 정리하며 따라갔던 게 주효했던 것 같습니다. 합격 후 100만 원 가까이 되는 큰 돈을 환급받아 남편이 주택관리사 공부를 한다고 해서 뒷받침해 줄 생각입니다. 저는 소공(소속 공인중개사)으로 활동을 하고 싶은 포부가 있어 최대 규모의 에듀윌 동문회 활동도 기대가 됩니다.

다음 합격의 주인공은 당신입니다!

더 많은
합격 비법

* 에듀윌 홈페이지 게시 건수 기준 (2025년 1월 기준)
* 2023 대한민국 브랜드만족도 공인중개사 교육 1위 (한경비즈니스)

에듀윌이
너를
지지할게

ENERGY

시작하는 방법은
말을 멈추고
즉시 행동하는 것이다.

– 월트 디즈니(Walt Disney)

➕ **합격할 때까지 책임지는 개정법령 원스톱 서비스!**

법령 개정이 잦은 공인중개사 시험. 일일이 찾아보지 마세요!
에듀윌에서는 필요한 개정법령만을 빠르게! 한번에! 제공해 드립니다.

| 에듀윌 도서몰 접속 | ▶ | 우측 정오표 | ▶ | 카테고리 공인중개사 |
| (book.eduwill.net) | | 아이콘 클릭 | | 설정 후 교재 검색 |

개정법령
확인하기

2025
에듀윌 공인중개사

임선정 그림 암기법

공인중개사법령 및 중개실무

공인중개사법령 및 중개실무는

2차 시험 합격을 위한 전략과목!

2024년(제35회) 2차 시험 결과

구분	공인중개사법령 및 중개실무	부동산공시법, 부동산세법	부동산공법
응시자 평균점수(점)	**52.62**	48.50	48.21
합격자 평균점수(점)	**72.38**	66.63	63.18

매 과목 40점 이상, 평균 60점 이상이어야 합격!

하지만,

수험생의 발목을 잡는
방대한 암기분량!

암기,
전략적으로 해야 합격합니다.

합격생 A

임선정 교수님의 암기법 덕분에 시험에서 대체 몇 문제나 맞혔는지 모릅니다.

합격생 B

임선정 교수님께서 발명하신 독자적인 방법으로 헷갈리기 쉬운 행정처분이나 행정형벌에 대해 그림으로 암기를 시켜주십니다. 평생 잊지 못할 겁니다.

합격생 C

교수님의 암기코드는 누구도 못 따라옵니다. 임선정 교수님의 열정이 담긴 암기법 덕분에 정말 재미있게 공부했습니다.

합격생이 극찬한 임선정 교수님의 **그림 암기법**

 ## 여러분의 **합격**을 위해,
한층 더 업그레이드 되었습니다.

이 책의 구성과 특징

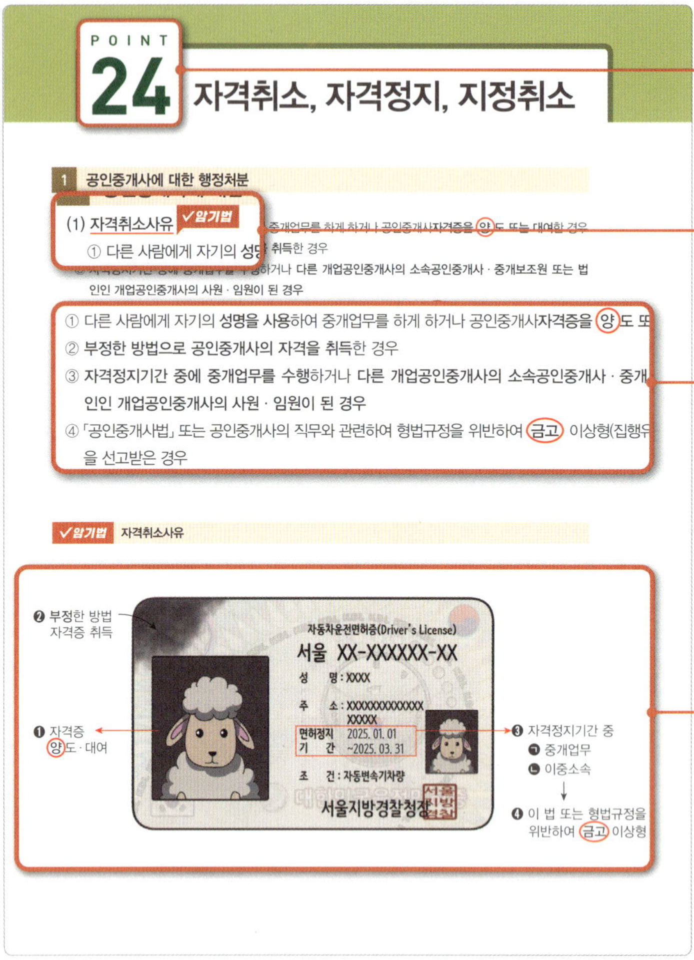

POINT 24 자격취소, 자격정지, 지정취소

1 공인중개사에 대한 행정처분

(1) 자격취소사유 ✓암기법

① 다른 사람에게 자기의 성명을 사용하여 중개업무를 하게 하거나 공인중개사자격증을 양도 또는 대여한 경우
② 부정한 방법으로 공인중개사의 자격을 취득한 경우
③ 자격정지기간 중에 중개업무를 수행하거나 다른 개업공인중개사의 소속공인중개사 · 중개보조원 또는 법인인 개업공인중개사의 사원 · 임원이 된 경우
④ 「공인중개사법」 또는 공인중개사의 직무와 관련하여 형법규정을 위반하여 금고 이상형(집행유예를 선고받은 경우

✓암기법 자격취소사유

❷ 부정한 방법 자격증 취득
❶ 자격증 양도·대여
❸ 자격정지기간 중
  ㉠ 중개업무
  ㉡ 이중소속
❹ 이 법 또는 형법규정을 위반하여 금고 이상형

— 출제 가능성이 높은 핵심포인트만 엄선하여 수록하였어요!

— 암기법 링크가 표시된 부분은 암기법 코너에서 암기비법을 확인할 수 있어요!

— 필수암기 내용은 볼드, 암기 코드는 ◯ 표시되어 있어요!

— 그림과 도식으로 쉽고 재미있게 암기할 수 있는 암기법을 수록하였어요!

10점 더 올리는 학습 TIP 3가지

❶ 시험장까지 들고 가는 합격부록!

필수 암기 내용만 모아놓은 암기 끝장 브로마이드 4종으로 언제 어디서나 학습해보세요!

저자의 말

공인중개사법령 및 중개실무는 어느 정도 학습이 되면 암기를 통해 득점하여야 하는 과목입니다. 하지만 방대한 암기분량으로 수험생들은 학습에 어려움을 겪습니다.

'어떻게 하면 수험생들이 공인중개사법을 쉽게 암기할 수 있을까?'라는 고민 끝에 찾은 해답은 바로 '암기코드와 이미지 연상암기법으로 쉽게 암기할 수 있게 하자.'였고 그 시작이 바로 이 책, '그림 암기법'입니다.

이 책의 시작은 제 26년간 강의 자료인 '공인중개사법 암기법 책받침'이라고 할 수 있습니다. 제가 직접 제작한 이미지 연상암기법과 스토리가 수강생들에게 좋은 반응을 일으켰고, 많은 합격자를 배출하였습니다.

제 강의를 듣지 않은 수험생들도 이 책을 보고 시험에 합격할 수 있도록 하기 위해 내용을 압축 정리하고 업그레이드하여 '그림 암기법'으로 새롭게 출간하였습니다. 이 책은 핵심 내용을 압축 정리하여, 빠르게 암기할 수 있는 암기법을 수록하였으므로 수험생들에게 많은 도움이 될 것입니다.

이번 개정판 그림 작업에 참여해 주신 손봉구 작가님께 감사의 말을 전합니다.

"강단에 서 있는 나를 보며 언제나 내가 살아 있음을 느낀다."

저자 임선정

❷ **이론서**와 함께!

기본서나 합격서와 함께 학습해보세요. 학습 이해를 높일 수 있어요!

❸ **마무리용** 교재로!

합격에 필요한 핵심이론과 출제 포인트를 모두 담았으므로, 마무리용 교재로 최종 정리해보세요.

한눈에 보는 출제 POINT

PART 1	공인중개사법령

01 용어의 정의 p.10
02 중개대상물 p.11
03 공인중개사제도 p.12
04 중개사무소의 개설등록 p.16
05 등록 등의 결격사유 p.18
06 개업공인중개사의 업무범위 p.20
07 고용인 p.21
08 중개사무소의 설치 p.22
09 중개사무소의 이전 및 명칭표시 p.24
10 인장등록의무 p.28
11 휴업 및 폐업 등의 신고의무 p.30
12 중개계약 p.32
13 부동산거래정보망 p.34
14 금지행위 p.36
15 중개대상물 확인·설명 등 p.38
16 거래계약서 작성 p.41
17 손해배상책임과 업무보증설정 p.42
18 계약금 등 반환채무이행의 보장 p.43
19 중개보수 및 실비 p.44
20 공인중개사협회 p.46
21 교육 p.48
22 포상금 및 신고센터 p.50
23 개업공인중개사에 대한 행정처분 (등록취소, 업무정지) p.56
24 자격취소, 자격정지, 지정취소 p.62
25 행정형벌 p.66
26 행정질서벌 p.70
27 부동산 거래신고 p.74
28 주택임대차계약의 신고 p.77
29 외국인등의 부동산 취득·보유 신고 p.80
30 토지거래허가구역 등 p.82

PART 2	중개실무

31 중개대상물의 조사·확인 p.90
32 부동산 실권리자명의 등기에 관한 법률 p.96
33 주택 및 상가건물 임대차보호법 p.97
34 경매대리업무 p.102

합격부록

- 암기끝장 브로마이드 4종
- 셀프 암기노트(PDF 제공)

[PDF 다운로드 경로]
에듀윌 도서몰 ▶ 도서자료실 ▶ 부가학습자료

PART 1
공인중개사 법령

최근 10개년 출제비중 **80%**

POINT 01 용어의 정의

✓ 암기법

용어	용어의 정의
중개	중개라 함은 법 제3조의 규정에 의한 **중개**대상물에 대하여 거래당사자 간의 매매·교환·임대차 **그** 밖의 권리의 득실·변경에 관한 행위를 **알**선하는 것을 말한다.
공인중개사	공인중개사라 함은 이 법에 의한 **공인중개사자격을 취득한 자**를 말한다.
중개업	중개업이라 함은 **다**른 사람의 의뢰에 의하여 일정한 **보**수를 받고 **중개를 업**으로 행하는 것을 말한다.
개업공인중개사	개업공인중개사라 함은 이 법에 의하여 중개사무소의 **개설등록을 한 자**를 말한다.
소속공인중개사	소속공인중개사라 함은 개업공인중개사에 소속된 공인중개사(개업공인중개사인 법인의 사원 또는 임원으로서 **공인중개사인 자를 포함**한다)로서 **중개업무를 수행**하거나 개업공인중개사의 중개업무를 보조하는 자를 말한다.
중개보조원	중개보조원이라 함은 **공인중개사가 아닌 자로서** 개업공인중개사에 소속되어 중개대상물에 대한 현장안내 및 일반서무 등 개업공인중개사의 중개업무와 관련된 **단순한 업무를 보조**하는 자를 말한다.

✓ 암기법 용어의 정의

❶ 중개라 함은 법 제3조의 규정에 의한 **중개**대상물에 대하여 거래당사자 간의 매매·교환·임대차에 관한 행위를 **알**선하는 것을 말한다(X).
  → **중개**, **그**것이 **알**고 싶다.
  – **그** 밖의 권리의 득실·변경이 포함되어야 한다.

❷ 개업공인중개사라 함은 이 법에 의하여 중개사무소의 **개설등록을 한 공인중개사**를 말한다(X).
  – 중개사무소의 **개설등록을 한 자**를 말한다.

❸ 소속공인중개사라 함은 개업공인중개사에 소속된 공인중개사(개업공인중개사인 법인의 사원 또는 임원으로서 **공인중개사인 자를 제외**한다)로서 **중개업무를 수행**하거나 개업공인중개사의 중개업무를 보조하는 자를 말한다(X).
  – 개업공인중개사인 법인의 사원 또는 임원으로서 **공인중개사인 자를 포함**한다.

❹ 중개보조원이라 함은 개업공인중개사에 소속되어 중개대상물에 대한 현장안내 및 일반서무 등 개업공인중개사의 중개업무와 관련된 **단순한 업무를 보조**하는 자를 말한다(X).
  – '**공인중개사가 아닌 자로서**'가 포함되어야 한다.

POINT 02 중개대상물

1 입목, 광업재단 및 공장재단 정리

구분	입목	광업재단	공장재단
구성물	① 일필 토지의 일부에 생육하는 수목집단도 등기 가능하다. ② 수종·수령·수량 제한 없다.	재산의 전부 또는 일부로써 구성	
등기 전 요건	입목등록원부에 등록	재단목록 작성	
✓암기법 중요내용	소유권·저당권 목적이 된다.	좌동	
	① 저당권의 효력은 베어낸 입목에 미친다. ② 토지에 관한 소유권·지상권의 처분 효력은 입목에 미치지 아니한다.	① 광업재단은 소유권·저당권의 대상이 된다. ② 저당권자의 동의를 얻은 경우 임대차 대상이 된다.	
공시	토지등기사항증명서 표제부에 입목등기 여부를 **표시하여야 한다**.	재단에 속한 부동산 등의 **등기사항증명서 해당구사항란**에 재단에 속하였다는 **취지가 기재**된다.	

✓암기법 중개대상물 암기사항

❶ 입목을 목적으로 하는 저당권의 효력은 입목을 베어낸 경우 그 토지로부터 분리된 수목에는 **미치지 않는다**(X).
  – 저당권의 효력은 입목을 베어낸 경우에 그 토지로부터 분리된 수목에 **미친다**.
❷ 토지에 관한 소유권 또는 지상권의 처분은 입목에 영향을 **미친다**(X).
  – 토지에 관한 소유권 또는 지상권의 처분은 입목에 영향을 **미치지 못한다**.

2 중개대상물 중요 판례 정리

구분	내용
입주권	아파트추첨기일에 신청을 하여 당첨이 되면 아파트분양예정자로 선정될 수 있는 **지위를 가리키는 데 불과한 입주권**은 중개대상물이 될 수 없다.
세차장 구조물	**주벽이라고 할 만한 것이 없고**, 볼트만 해체하면 쉽게 토지로부터 분리·철거가 가능하므로 중개대상물이 될 수 없다.
권리금	무형의 재산적 가치는 중개대상물이 될 수 없다.
대토권	대토권은 주택이 철거될 경우 일정한 요건하에 택지개발지구 내에 **이주자택지를 공급받을 지위에 불과**하고 특정한 토지나 건물 기타 정착물 또는 재산권 및 물건에 해당한다고 볼 수 없으므로 중개대상물에 해당한다고 보기 어렵다.

POINT 03 공인중개사제도

1 공인중개사 시험일반

구분	내용	
시행횟수	매년 1회 이상 시행(다만, 정책심의위원회 사전의결 거쳐 해당 연도의 시험을 시행하지 아니할 수 있다)	
시험 시행기관	원칙	**시** · 도지사
	예외	국토교통부장관(정책심의위원회 의결 거쳐 가능)
	위탁시행 가능	협회, 공기업, 준정부기관 중에 위탁 가능(학교 X)
응시자격	① 원칙: 응시제한 없음(국적 불문, 등록 등 결격사유자도 응시 가능) ② 예외: 응시제한 있는 자 　㉠ 자격취소된 자(3년간 개설등록, 중개업 종사 불가능) 　㉡ 부정행위자: 해당 시험의 무효처분일로부터 5년(중개업무 종사는 가능)	
시험공고	**시험시행기관장**: 매년 **2월 말**까지 개략적 공고, 시행일 **90일 전**까지 구체적 공고	
합격자 결정	시험시행기관장: 결정 · 공고	
자격증 교부	**시 · 도지사**: 합격자 결정 · 공고 후 **1개월 이내**에 교부	

2 정책심의위원회 & 운영위원회

구분	공인중개사 정책심의위원회	공제사업 운영위원회
성격	국토교통부에 정책심의위원회를 둘 수 있다.	공제사업에 관한 사항을 심의하고 그 업무집행을 감독하기 위하여 협회에 운영위원회를 **둔다**.
✓암기법 심의사항	① 공인중개사의 시험 등 공인중개사의 **자격취득에 관한 사항** ② 부동산 중개업의 육성에 관한 사항 ③ 중개보수 변경에 관한 사항 ④ 손해배상책임 등의 보장에 관한 사항 공인중개사 정책심의위원회에서 심의한 사항 중 **공인중개사의 시험 등 공인중개사의 자격취득에 관한 사항의 경우에는 시 · 도지사는 이에 따라야 한다.**	① 사업계획 · 운영 및 관리에 관한 기본 방침 ② 예산 및 결산에 관한 사항 ③ 차입금에 관한 사항 ④ 주요 예산집행에 관한 사항 ⑤ 공제약관 · 공제규정의 변경과 공제와 관련된 내부 규정의 제정 · 개정 및 폐지에 관한 사항 ⑥ 공제금, 공제가입금, 공제료 및 요율에 관한 사항 ⑦ 정관으로 정하는 사항 ⑧ 그 밖에 위원장이 필요하다고 인정하여 회의에 부치는 사항

구분	심의위원회	운영위원회
구성 인원수	위원장 1명을 포함하여 7명 이상 11명 이내의 위원으로 구성한다.	운영위원회의 위원은 협회의 임원, 중개업·법률·회계·금융·보험·부동산 분야 전문가, 관계 공무원 및 그 밖에 중개업 관련 이해관계자로 구성하되, **그 수는 19명 이내로 한다.**
구성	① 위원장: 국토교통부 제1차관 ② 위원: 국토교통부장관이 임명·위촉 　㉠ 국토교통부의 4급 이상 또는 이에 상당하는 공무원이나 고위공무원단에 속하는 일반직공무원 　㉡ 「고등교육법」에 따른 학교에서 부교수 이상의 직(職)에 **재직**하고 있는 사람 　㉢ 변호사 또는 공인회계사의 자격이 있는 사람 　㉣ 공인중개사협회에서 추천하는 사람 　㉤ 공인중개사 자격시험(이하 '시험'이라 한다)의 시행에 관한 업무를 위탁받은 기관의 장이 추천하는 사람 　㉥ 「비영리민간단체 지원법」에 따라 등록한 비영리민간단체에서 추천한 사람 　㉦ 「소비자기본법」 제29조에 따라 등록한 소비자단체 또는 제33조에 따른 한국소비자원의 임직원으로 **재직**하고 있는 사람 　㉧ 그 밖에 부동산·금융 관련 분야에 학식과 경험이 풍부한 사람	**위원장과 부위원장 각각 1명을 두되, 위원장과 부위원장은 위원 중에서 호선한다.** 운영위원회는 다음의 사람으로 구성하며, 이 경우 ②, ③에 해당하는 위원의 수는 전체 위원 수의 3분의 1 미만으로 한다. ① 국토교통부장관이 소속 공무원 중에서 지명하는 사람 1명 ② 협회의 회장 ③ 협회 이사회가 협회의 임원 중에서 선임하는 사람 ④ 다음의 어느 하나에 해당하는 사람으로서 협회의 회장이 추천하여 국토교통부장관의 승인을 받아 위촉하는 사람 　㉠ 대학 또는 정부출연연구기관에서 부교수 또는 책임연구원 이상으로 재직하고 있거나 **재직**하였던 사람으로서 부동산 분야 또는 법률·회계·금융·보험 분야를 전공한 사람 　㉡ 변호사·공인회계사 또는 공인중개사의 자격이 있는 사람 　㉢ 금융감독원 또는 금융기관에서 임원 이상의 직에 **있거나** 있었던 사람 　㉣ 공제조합 관련 업무에 관한 학식과 경험이 풍부한 사람으로서 해당 업무에 **5년 이상 종사한 사람** 　㉤ 「소비자기본법」 제29조에 따라 등록한 소비자단체 및 제33조에 따른 한국소비자원의 임원으로 **재직** 중인 사람
임기	위원의 임기는 **2년**으로 하되, 새로 위촉된 위원의 임기는 전임위원 임기의 남은 기간으로 한다.	위원의 임기는 **2년**으로 하되 **1회에 한하여 연임할 수 있으며,** 보궐위원의 임기는 전임자 임기의 남은 기간으로 한다.
내용	① 위원장은 심의위원회를 대표하고, 심의위원회의 업무를 총괄한다. ② 위원장이 부득이한 사유로 직무를 수행할 수 없을 때에는 **위원장이 미리 지명한 위원이 그 직무를 대행한다.** ③ 위원장은 심의위원회의 회의를 소집하고, 그 의장이 된다.	① 운영위원회의 위원장은 운영위원회의 회의를 소집하며 그 의장이 된다. ② **운영위원회의 부위원장은 위원장을 보좌하며,** 위원장이 부득이한 사유로 그 직무를 수행할 수 없을 때에는 그 직무를 대행한다. ③ 운영위원회의 회의는 재적위원 과반수의 출석으로 개의(開議)하고, 출석위원 과반수의 찬성으로 심의사항을 의결한다.

구분	공인중개사 정책심의위원회	공제사업 운영위원회
내용	④ 심의위원회의 회의는 **재적위원 과반수의 출석**으로 개의(開議)하고, **출석위원 과반수의 찬성**으로 의결한다. ⑤ 위원장은 심의위원회의 회의를 소집하려면 회의 개최 **7일 전까지** 회의의 일시, 장소 및 안건을 각 위원에게 통보하여야 한다. 다만, 긴급하게 개최하여야 하거나 부득이한 사유가 있는 경우에는 회의 개최 전날까지 통보할 수 있다. ⑥ 위원장은 심의에 필요하다고 인정하는 경우 관계 전문가를 출석하게 하여 의견을 듣거나 의견제출을 요청할 수 있다.	
위원의 제척·기피·회피 등	① 심의위원회의 위원이 다음의 어느 하나에 해당하는 경우에는 심의위원회의 **심의·의결에서 제척(除斥)**된다. ㉠ **위원 또는 그 배우자나 배우자이었던 사람**이 해당 안건의 당사자(당사자가 법인·단체 등인 경우에는 그 임원을 포함한다)가 되거나 그 안건의 당사자와 공동권리자 또는 공동의무자인 경우 ㉡ 위원이 해당 안건의 당사자와 **친족이거나 친족이었던 경우** ㉢ 위원이 해당 안건에 대하여 증언, 진술, 자문, 조사, 연구, 용역 또는 감정을 한 경우 ㉣ 위원이나 위원이 속한 법인·단체 등이 **해당 안건의 당사자의 대리인이거나 대리인이었던 경우** ② 해당 안건의 당사자는 위원에게 공정한 심의·의결을 기대하기 어려운 사정이 있는 경우에는 심의위원회에 기피신청을 할 수 있고, 심의위원회는 의결로 이를 결정한다. 이 경우 기피신청의 대상인 위원은 그 의결에 참여하지 못한다. ③ 위원 본인이 제척사유에 해당하는 경우에는 스스로 해당 안건의 심의·의결에서 회피(回避)하여야 한다. ④ 국토교통부장관은 위원이 제척사유의 어느 하나에 해당하는 데에도 불구하고 회피하지 아니한 경우에는 해당 위원을 **해촉(解嘱)**할 수 있다.	

| 간사 | ① 심의위원회에 심의위원회의 사무를 처리할 간사 1명을 둔다.
② 간사는 심의위원회의 위원장이 **국토교통부 소속 공무원 중에서 지명한다.** | ① 운영위원회의 사무를 처리하기 위하여 **간사 및 서기를 두되, 간사 및 서기는 공제업무를 담당하는 협회의 직원 중에서 위원장이 임명한다.**
② 간사는 회의 때마다 회의록을 작성하여 다음 회의에 보고하고 이를 보관하여야 한다. |

✔ **암기법** 정책심의위원회 심의사항

❶ 자격증 → 자격취득에 관한 사항

❷ 육성(부동산 중개업의 육성)

❸ 중개보수(돈) → 변경(변질)

❹ 손해배상책임보장

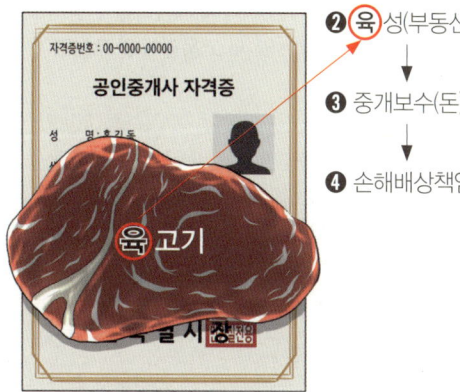

POINT 04 중개사무소의 개설등록

구분	내용
등록신청자	공인중개사 또는 법인만 가능(소속공인중개사 X)
등록관청	중개사무소의 소재지 관할 시장(구가 설치되지 아니한 시)·군수·구청장
등록기준	① 공인중개사의 등록기준 　㉠ 실무교육을 이수할 것 　　ⓐ 폐업신고 후 **1년 이내에 재등록을 신청**하고자 하는 자: 교육면제 　　ⓑ 소속공인중개사로서 **고용관계 종료신고 후 1년 이내에 등록을 신청**하려는 자: 교육면제 　㉡ 중개사무소 건물을 확보할 것: 건축물대장(가설건축물대장은 제외한다)에 기재된 건물(준공검사, 준공인가, 사용승인, 사용검사 등을 받은 건물로서 건축물대장에 기재되기 전의 건물을 포함한다)에 중개사무소를 확보(소유·전세·임대차 또는 사용대차 등의 방법에 의하여 사용권을 확보하여야 한다) ② 법인의 등록기준(특수법인은 등록기준 적용 X) 　㉠ 「상법」상 회사 또는 「협동조합 기본법」에 따른 협동조합(사회적 협동조합은 제외한다)으로서 자본금 5천만원 이상일 것 　㉡ 법 제14조에 규정된 업무만을 영위할 목적으로 설립된 법인일 것 　㉢ **대표자는 공인중개사이어야 하고, 대표자를 제외한 임원·사원의 3분의 1 이상이 공인중개사일 것** 　㉣ 대표자, 임원 또는 사원 전원이 실무교육을 이수할 것 　㉤ 중개사무소 건물을 확보할 것(공인중개사와 동일하다)
✓암기법 등록처분	① 등록관청은 등록신청일로부터 **7일 이내**에 등록신청인에게 서면으로 통지하여야 한다. ② 중개사무소등록증을 교부하는 등록관청은 **업무보증을 설정하였는지 여부**를 확인하여야 한다. ③ 등록관청이 중개사무소등록증을 교부하는 때에는 부동산중개사무소 등록대장에 그 등록에 관한 사항을 기록한 후 **지체 없이** 중개사무소등록증을 교부하여야 한다.
✓암기법 등록사항 등의 통보	등록관청은 매월 중개사무소등록·행정처분 및 신고 등에 관한 사항을 중개사무소등록·행정처분통지서에 의하여 **다음 달 10일**까지 공인중개사협회에 통보하여야 한다. ① 중개사무소등록증 교부사항 ② 중개업의 휴·폐업 또는 재개업, 휴업기간의 변경신고사항 ③ 중개사무소 이전신고사항 ④ 소속공인중개사 또는 중개보조원의 고용 및 고용관계 종료신고사항 ⑤ ㉫사무소 설치신고사항 ⑥ 개업공인중개사에 대한 ㉬정처분(등록취소·업무정지)사항

업무개시 전 조치	① 업무보증설정·신고: 중개사무소등록증 수령
	② 인장등록
	③ 게시의무
	   ㉠ 중개사무소등록증(분사무소는 신고확인서) 원본
	   ㉡ 공인중개사자격증(소속공인중개사의 자격증을 포함한다) 원본
	   ㉢ 중개보수·실비의 요율 및 한도액표
	   ㉣ 업무보증설정 증명서류
	   ㉤ **사업자등록증**

✓ **암기법** 중개사무소 등록절차

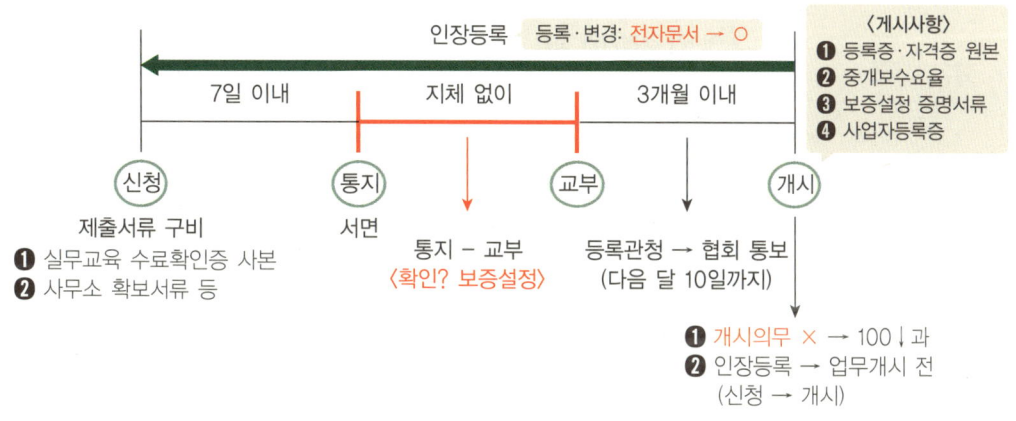

✓ **암기법** 등록관청의 협회통보사항(다음 달 10일까지)

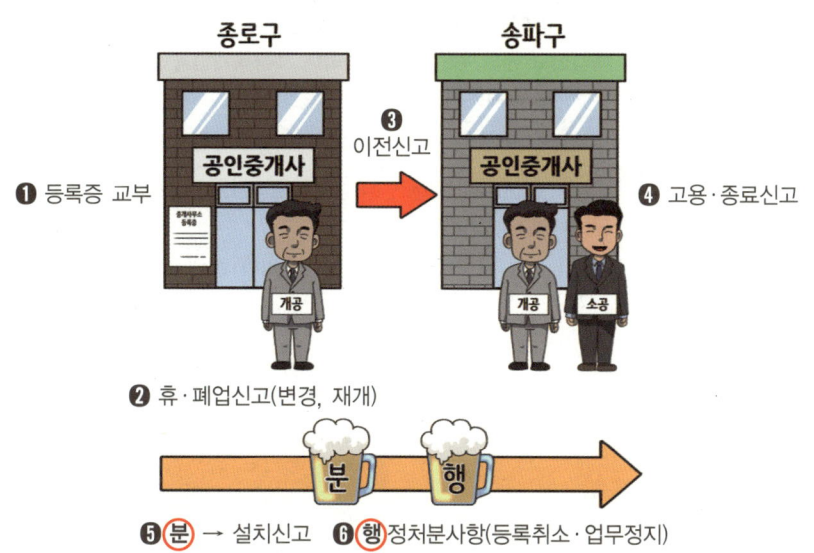

POINT 05 등록 등의 결격사유

✓ 암기법

구분	내용
제한능력자	① **미**성년자 ② **피**성년후견인 · 피한정후견인
파산자	③ **파**산선고를 받고 **복권되지 아니한 자**
형의 선고를 받은 자	④ **금**고 이상의 실형을 선고받고 그 집행이 종료되거나, 집행이 종료된 것으로 보거나, 집행이 면제된 날부터 각각 3년이 지나지 아니한 자 　㉠ 집행이 종료된 경우: 수형기간 + **만기석방 후 3년간 결격기간 적용** 　㉡ 집행이 종료된 것으로 보는 경우(가석방된 자가 잔여형기를 마친 경우): **잔여형기 + 3년간 결격기간 적용** 　㉢ 집행이 면제된 경우(**특별사면**, 시효완성, 법률변경): 집행을 **면제받은 날로부터 3년간 결격기간 적용** ⑤ 금고 이상 형의 **집**행유예를 받고 그 유예기간이 만료된 날부터 2년이 지나지 아니한 자 ⑥ 「공인중개사법」을 위반하여 300만원 이상의 **벌**금형을 선고받고 3년이 지나지 아니한 자
	⑦ 공인중개사 **자**격이 취소된 후 3년이 지나지 아니한 자
	⑧ 자격정지처분을 받고 **자**격정지기간 중에 있는 자
행정처분을 받은 자	⑨ 개업공인중개사가 등록이 취소된 경우 　㉠ 원칙: 등록취소 후 3년간 결격기간을 적용 　㉡ 예외: **등**록취소 후 3년간 결격기간을 적용하지 않는 경우 　　ⓐ 사망 · 해산으로 등록이 취소된 경우 　　ⓑ 등록기준 미달로 등록이 취소된 경우 　　ⓒ 결격사유에 해당되어 등록이 취소된 경우(**미**, **자**, **등**, **업**, **업** 제외) 　　ⓓ 폐업신고 전의 위반사유로 인하여 재등록개업공인중개사가 등록이 취소된 경우(3년에서 폐업기간을 공제한 기간) ⑩ 업무정지처분을 받고 폐업한 자로서 해당 **업**무정지기간이 지나지 아니한 자 ⑪ 법인의 업무정지사유가 발생한 당시의 **사원 · 임원**이었던 자로서 해당 법인의 **업**무정지기간이 지나지 아니한 자
	⑫ 등록 등의 결격사유에 해당하는 자가 사원 · 임원으로 있는 법인: **2개월** 이내 해소

> ✓ **암기법** 결격사유 12가지

❶ 등록취소 O, 3년 적용 O: 아래 ❷, ❸을 제외한 나머지 등록취소사유
❷ 등록취소 O, 3년 적용 X: **결격사유(7개 – ㉠, ㉡, ㉢, ㉣, ㉤, ㉥, ㉦개월)**
  ㉠ 사망, 해산
  ㉡ **결격사유(7개 – ㉠, ㉡, ㉢, ㉣, ㉤, ㉥, ㉦개월)**
  ㉢ 등록기준 미달
❸ 등록취소 X, 3년 적용 X: **결격사유(5개 – ㉮, ㉯, ㉰, ㉱, ㉱)**
  ㉮: 미성년자
  ㉯: 자격정지기간 중에 있는 자
  ㉰: 등록이 취소된 후 3년이 지나지 아니한 자
  ㉱: 업무정지기간 중인 자(개인)
  ㉱: 업무정지기간 중인 자(법인)의 사원 또는 임원

POINT 06 개업공인중개사의 업무범위

구분	중개법인인 개업공인중개사	공인중개사인 개업공인중개사	부칙 제6조 제2항에 규정된 개업공인중개사
취급물건	토지, 건축물 그 밖의 토지의 정착물, 입목, 광업재단·공장재단		
업무지역	전국(분사무소 포함)	전국	사무소 소재지 시·도
✓암기법 겸업범위	① **상가 및 주택**의 임대관리 등 **부동산의 관리대행** ② 부동산의 이용·개발 및 거래에 관한 **상담** ③ **개업공인중개사**를 대상으로 한 중개업의 **경영기법 및 경영정보 제공** ④ **상가 및 주택의 분양대행** ⑤ 이사업체 등의 **소개(용역의 알선)** ⑥ **경매 및 공매**대상 부동산에 대한 권리분석·취득의 **알선**과 매수신청 또는 입찰신청의 **대리**	제한 없음	**원칙: 제한 없음** 다만, **경매** 및 **공매**대상 부동산에 대한 권리분석·취득의 **알선**과 매수신청 또는 입찰신청의 **대리**는 할 수 없다.

✓**암기법** 법인의 겸업 가능한 업무

중개법인 범위 → 겸업

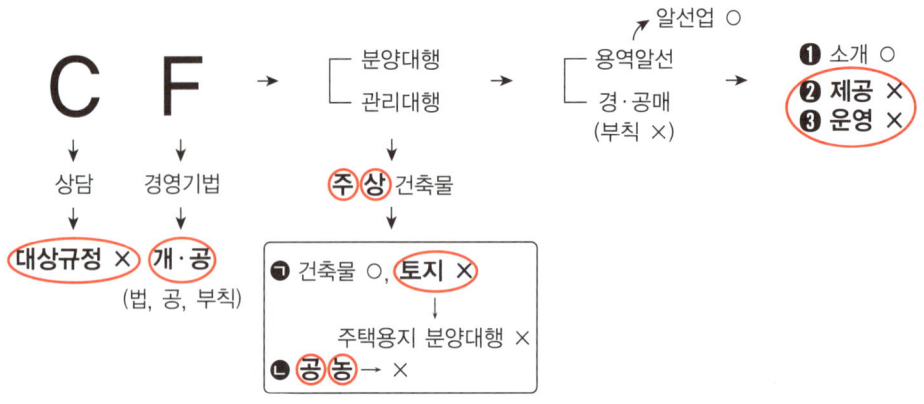

POINT 07 고용인

1 고용인(소속공인중개사·중개보조원)의 신고의무

구분	신고의무기한
고용신고	업무개시 전
고용관계 종료신고	고용관계가 종료된 날부터 **10일** 이내
중개보조원 고용인원수 제한	개업공인중개사가 고용할 수 있는 중개보조원의 수는 개업공인중개사와 소속공인중개사를 합한 수의 5배를 초과하여서는 아니 된다.
중개보조원 고지의무	중개보조원은 현장안내 등 중개업무를 보조하는 경우 중개의뢰인에게 본인이 중개보조원이라는 사실을 미리 알려야 한다.

2 고용인의 업무상 행위에 따른 개업공인중개사의 책임

구분	손해배상책임		비고
민사책임	고용인(과실책임)		① 의뢰인은 선택청구·연대청구 가능
	개업공인중개사(무과실책임)		② 개업공인중개사가 배상: 구상권 행사
형사책임	고용인: 징역 또는 벌금		개업공인중개사가 상당한 주의·감독을 게을리한 경우에 양벌규정을 적용한다.
	개업공인중개사: 벌금(양벌규정 적용 시)		
행정책임	① 소속공인중개사: 자격정지 가능 ② 중개보조원: 행정처분대상 X		중개보조원의 위반행위 시: 개업공인중개사만 행정책임을 진다.
	개업공인중개사: 등록취소 또는 업무정지		

> **판례**
>
> 개업공인중개사가 양벌규정에 따라 300만원 이상의 벌금형을 선고받은 경우라 하더라도 이 법 제10조 결격사유규정이 적용되지 않기 때문에 양벌규정에 따른 300만원 이상의 벌금형 선고를 이유로 등록이 취소되는 일은 없다(대판 2008.5.29, 2007두26568).

POINT 08 중개사무소의 설치

1 분사무소 설치

구분	내용
분사무소 설치기준	① 주된 사무소의 소재지가 속한 시·군·구를 제외한 시·군·구별로 1개씩만 설치 가능 ② 공인중개사를 책임자로 둘 것(특수법인은 적용 X) ③ 분사무소 책임자: 실무교육 이수 ④ 업무보증설정 ⑤ 중개사무소건물 확보: 건축물대장(가설건축물대장은 제외한다)에 기재된 건물 또는 건축물대장에 기재되기 전의 건물로서 준공인가 등을 받은 건물
설치신고	① **주된 사무소 소재지의 시·군·구청장**에 신고서를 제출하여야 한다. ② 지방자치단체의 조례가 정하는 수수료를 납부하여야 한다.
✓암기법 설치절차	① 자격증을 발급한 시·도지사에게 책임자의 자격확인을 요청하여야 한다. ② 신고확인서 ㉤부, 분사무소 설치예정지 시·군·구청장에게 지체 없이 ㉧보하여야 한다.
이전절차	분사무소 이전신고를 받은 주된 사무소 소재지의 등록관청은 **지체 없이** 이전 전 및 이전 후의 분사무소의 소재지를 관할하는 시장·군수·구청장에게 통보하여야 한다.

✓암기법 분사무소 설치신고절차

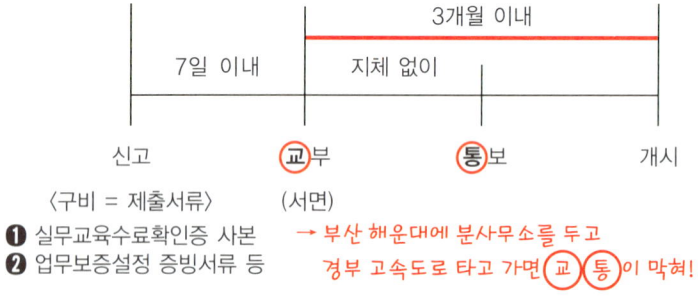

〈구비 = 제출서류〉
❶ 실무교육수료확인증 사본
❷ 업무보증설정 증빙서류 등

→ 부산 해운대에 분사무소를 두고
   경부 고속도로 타고 가면 ㉤ ㉧ 이 막혀!

2 중개사무소의 공동사용

(1) **원칙**: 제한 없음(다만, 등록신청 시 또는 사무소 이전신고 시 그 중개사무소를 사용할 권리가 있는 **다른 개업공인중개사의 승낙서**를 제출해야 한다)

(2) **예외**: 제한 있음

> ① **업무정지기간 중인 개업공인중개사가** 다른 개업공인중개사에게 중개사무소의 공동사용을 위하여 **중개사무소의 공동사용 승낙서를 주는 방법**
> ※ 다만, 업무정지 개업공인중개사가 영업정지처분을 받기 전부터 중개사무소를 공동사용 중인 다른 개업공인중개사는 제외한다.
> ② **업무정지기간 중인 개업공인중개사가** 다른 개업공인중개사의 중개사무소를 공동으로 사용하기 위하여 **중개사무소의 이전신고를 하는 방법**

(3) 설치방법

① 신규등록 – 업무정지기간 중 설치 안 됨

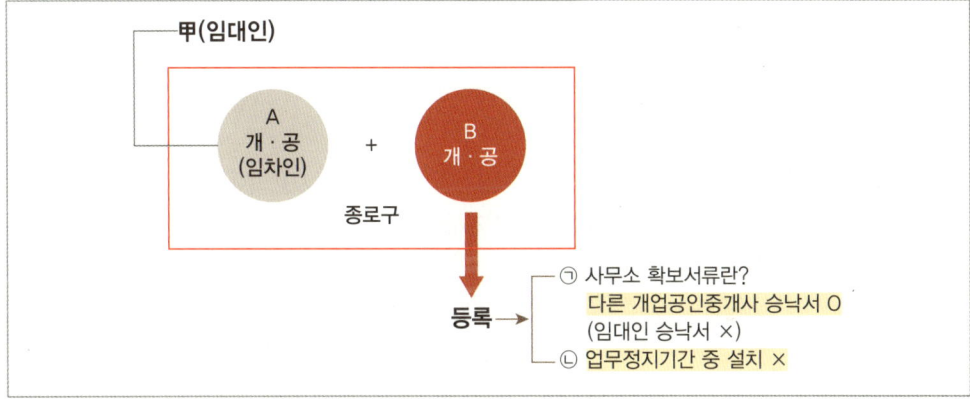

② 이전신고 ⇨ 10일 이내 ⇨ 이전 후 관청

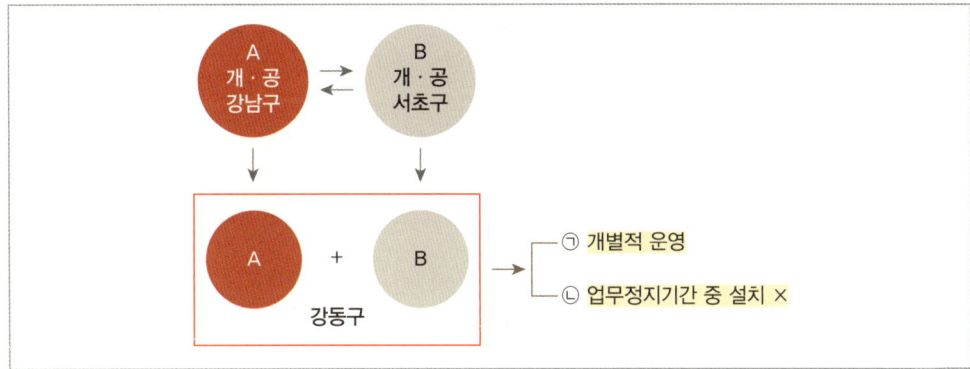

POINT 09 중개사무소의 이전 및 명칭표시

1 중개사무소의 이전신고의무

이전지역	신고기한	신고관청	신고관청의 조치	제출서류
관할지역 내	이전한 날부터 10일 이내	등록관청	등록증을 재교부하거나 교부할 수 있다.	중개사무소등록증(분사무소는 신고확인서) + 사무소 건물 확보서류
관할지역 외		이전 후 등록관청	등록증을 재교부하여야 한다.	
분사무소 (관할지역 불문)		주된 사무소 등록관청	상동	

2 중개사무소의 명칭 등

(1) 중개사무소의 명칭에 법정문자사용
  ① 개업공인중개사: '공인중개사사무소' 또는 '부동산중개'라는 문자 사용의무
    ※ 법 부칙 제6조 제2항에 규정된 개업공인중개사는 '공인중개사사무소'라는 문자 사용금지
  ② 개업공인중개사 아닌 자: '공인중개사사무소', '부동산중개' 또는 이와 유사한 명칭 사용금지
(2) 개업공인중개사의 옥외광고물(간판 등)에 성명표기 의무 ✓암기법
  ① 개업공인중개사의 옥외광고물: 개업공인중개사(법인은 대표자, 분사무소는 책임자)의 성명표기 의무
  ② 개업공인중개사의 벽면 이용간판, 돌출간판, 옥상간판: 개업공인중개사의 ⓢ성명을 ⓘ인식할 수 있을 정도의 크기로 표기

✓암기법 중개사무소 명칭 표시사항

옥외광고물 → 간판

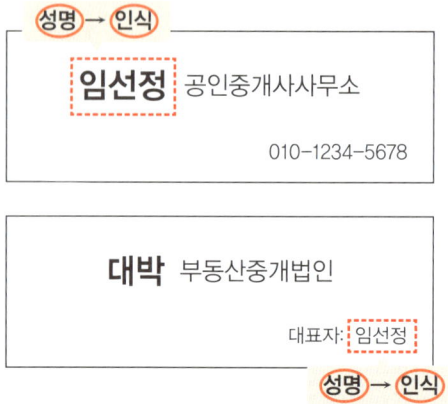

(3) 간판의 자진철거사유

① 등록관청에 중개사무소의 이전사실을 신고한 경우
② 등록관청에 폐업사실을 신고한 경우
③ 중개사무소의 개설등록 취소처분을 받은 경우

(4) 중개대상물 표시·광고 ✓암기법

① 개업공인중개사가 의뢰받은 중개대상물에 대하여 표시·광고를 하려면 다음의 사항을 명시하여야 한다.

㉠ 중개사무소의 명칭, 소재지, 연락처 및 등록번호
㉡ 개업공인중개사의 성명(법인의 경우에는 대표자의 성명)

✓암기법 중개대상물 표시·광고사항

❶ 명칭
❷ 소재지

❸ 연락처 및 등록번호
❹ 성명

② 개업공인중개사가 인터넷을 이용하여 중개대상물에 대한 표시·광고를 하는 때에는 다음에서 정하는 사항을 명시하여야 한다. ✓**암기법**

┌───┐
⊙ 중개사무소의 명칭, 소재지, 연락처 및 등록번호
ⓒ 개업공인중개사의 성명(법인의 경우에는 대표자의 성명)
ⓒ 소재지
② 면적
⑩ 가격
⑭ 중개대상물 종류
⊛ 거래 형태
⊚ 건축물 및 그 밖의 토지의 정착물인 경우 다음의 사항
  ⓐ **총 층수**
  ⓑ 「건축법」 또는 「주택법」 등 관련 법률에 따른 **사**용승인 · **사**용검사 · **준**공검사 등을 받은 날
  ⓒ 해당 건축물의 **방향, 방의 개수, 욕실의 개수, 입주가능일, 주차대수 및 관리비**
└───┘

✓**암기법** 인터넷 표시·광고(건축물 및 그 밖의 토지 정착물)

(5) 인터넷 표시 · 광고 모니터링 ✓암기법

구분	구체적 내용
모니터링 업무	국토교통부장관은 인터넷을 이용한 중개대상물에 대한 표시·광고가 중개대상물의 표시·광고의 규정을 준수하는지 여부를 모니터링할 수 있다.
수탁기관	① **공**공기관 ② **정**부출연연구기관 → **공정**하게 모니터링할 수 있는 기관에 위탁한다. ③ 인터넷 표시·광고 모니터링 또는 인터넷 광고 시장 감시와 관련된 업무를 수행하는 법인 ④ 그 밖에 인터넷 표시·광고 모니터링업무 수행에 필요한 전문인력과 전담조직을 갖췄다고 국토교통부장관이 인정하는 기관 또는 단체
모니터링 업무 종류	① 기본 모니터링업무: 모니터링 기본계획서에 따라 **분기별**로 실시하는 모니터링 ② 수시 모니터링업무: 중개대상물 표시·광고를 위반한 사실이 의심되는 경우 등 국토교통부장관이 **필요**하다고 판단하여 실시하는 모니터링
계획서 제출	① 기본 모니터링업무: 모니터링 대상, 모니터링 체계 등을 포함한 다음 연도의 모니터링 기본계획서를 **매년 12월 31일까지 제출할 것** ② 수시 모니터링업무: **모니터링의 기간, 내용 및 방법 등을 포함한 계획서를 제출할 것**
결과보고서 제출	① 기본 모니터링업무: **매 분기의 마지막 날부터 30일 이내** ② 수시 모니터링업무: **해당 모니터링업무를 완료한 날부터 15일 이내**
조치요구 및 결과통보	① 국토교통부장관은 제출받은 결과보고서를 시·도지사 및 등록관청 등에 통보하고 필요한 조사 및 조치를 요구할 수 있다. ② **시**·도지사 및 **등**록관청 등은 국토교통부장관으로부터 조사 및 조치요구를 받으면 신속하게 조사 및 조치를 완료하고, 완료한 날부터 **10일**이내에 그 결과를 국토교통부장관에게 통보해야 한다. → **시**·**등**이는 **10일**이를 좋아한다.

✓암기법 인터넷 표시 · 광고 모니터링 절차

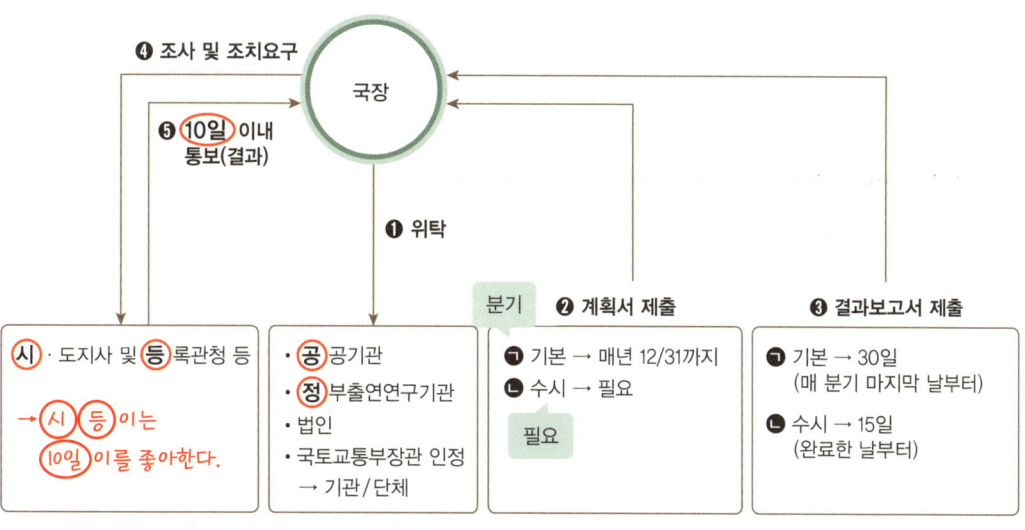

POINT 10 인장등록의무

구분	인장 관련 중요내용 ✔암기법
인장등록의무자	개업공인중개사, 소속공인중개사
인장등록기한	업무개시 전 ※ 다만, 중개사무소 **개설등록 또는 고용신고를 하는 때**에 같이 할 수 있다.
변경등록기한	변경 후 7일 이내
등록할 인장	법인인 개업공인중개사: 신고한 법인 인장을 등록하여야 한다. ※ 분사무소: 대표자가 보증하는 인장을 등록할 수 있다.
	㉮인인 개업공인중개사 및 소속공인중개사: 성명이 나타나 있는 인장으로서, 크기가 가로·세로 각각 **7mm 이상 30mm 이내**인 인장
등록방법	① 법인인 개업공인중개사: 인감증명서 제출로 갈음한다. ② 법인이 아닌 개업공인중개사·소속공인중개사: 인장등록·등록인장변경신고서를 제출하여야 한다.

> ✔암기법　인장 관련 중요내용 정리(개인 – 크기, 법인 – 갈음)

❶ 법인인 개업공인중개사의 경우「상업등기규칙」에 따라 신고한 **법인의 인장을 등록하여야 한다**(법인 – 등록하여야 한다).
❷ 분사무소의 경우「상업등기규칙」에 따라 법인의 **대표자가 보증하는 인장을 등록할 수 있다**(분사무소 – 등록할 수 있다).
❸ 개인(공인중개사·부칙규정에 의한 개업공인중개사, 소속공인중개사)이 등록하여야 하는 인장은 가족관계등록부 또는 주민등록표에 기재되어 있는 성명이 나타난 인장으로서 크기가 가로·세로 각각 **7mm 이상 30mm 이내의 인장**이어야 한다(개인 – 크기).
❹ 법인인 개업공인중개사의 인장등록 및 변경등록은 **인감증명서의 제출로 갈음**한다(법인 – 갈음).

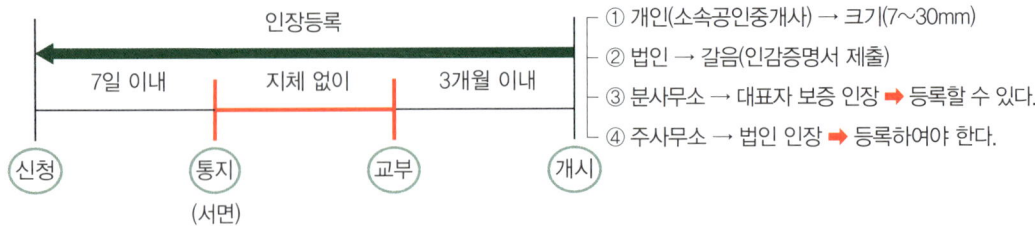

**에듀윌이
너를
지**지할게
ENERGY

항상 맑으면 사막이 된다.
비가 내리고 바람이 불어야만
비옥한 땅이 된다.

– 스페인 속담

POINT 11 휴업 및 폐업 등의 신고의무

구분	신고사유(미리 신고)	신고방법
✓암기법 휴업 신고	① 개업공인중개사는 다음에 해당하는 경우에는 국토교통부령이 정하는 신고서에 중개사무소등록증을 첨부 3개월을 초과하여 휴업하려는 경우, 중개사무소의 개설등록 후 업무를 개시하지 않는 경우, 폐업하려는 경우)하여 등록관청에 미리 신고해야 한다. ㉠ 3개월을 초과하여 휴업(중개사무소의 개설등록 후 업무를 개시하지 않는 경우를 포함한다)하려는 경우 ㉡ 폐업하려는 경우 ㉢ 3개월을 초과하여 휴업한 부동산 중개업을 재개하려는 경우 ㉣ 신고한 휴업기간을 변경하려는 경우 ② 분사무소의 휴업 또는 폐업신고 등: 법인인 개업공인중개사는 분사무소를 두는 경우에는 휴업 또는 폐업신고 등의 신고를 분사무소별로 할 수 있다. 이 경우 신고확인서를 첨부(3개월을 초과하여 휴업하려는 경우, 중개사무소의 개설등록 후 업무를 개시하지 않는 경우, 폐업하려는 경우)해야 한다.	신고서에 등록증 첨부하여 제출 • ㉠, ㉡: 방문신고 • ㉢, ㉣: 전자문서 가능
폐업신고	폐업을 하고자 하는 경우	
재개신고	휴업신고 후 중개업을 재개하고자 하는 경우 ※ 재개신고받은 등록관청은 **즉시** 등록증을 반환해야 한다.	신고서만 제출: 방문신고 또는 전자문서 선택
기간변경신고	휴업신고 후 휴업기간을 변경하고자 하는 경우	
휴업 기간	6개월을 초과할 수 없다. 다만, 입영, 요양, 취학, 임신 또는 출산, 그 밖의 부득이한 사유가 있는 경우에는 6개월 초과가 가능하다.	
✓암기법 「부가가치세법」상 신고의무	① 휴업(폐업)신고를 하려는 자는 「부가가치세법」에 따른 신고를 같이하려는 경우에는 「부가가치세법」상 휴업(폐업)신고서를 함께 제출해야 한다. 이 경우 등록관청은 함께 제출받은 신고서를 **지체 없이** 관할 세무서장에게 송부해야 한다. ② 관할 세무서장이 「부가가치세법」상 휴업(폐업)신고서를 받아 해당 등록관청에 송부한 경우에는 휴업(폐업)신고서가 제출된 것으로 본다.	

✓ 암기법 | 휴·폐업신고절차 암기방법(신고 – 3개월, 기간 – 6개월)

❶ 휴·폐업절차

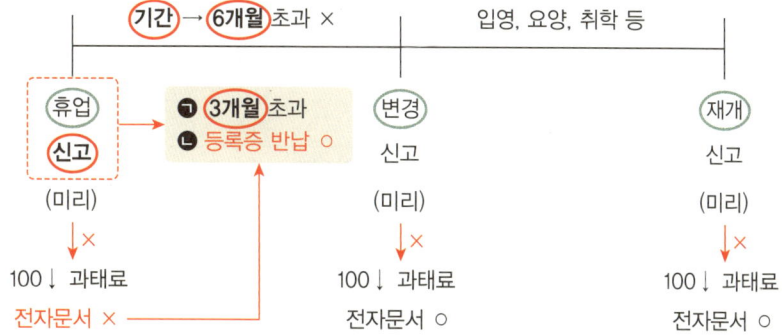

❷ 「부가가치세법」상 신고의무

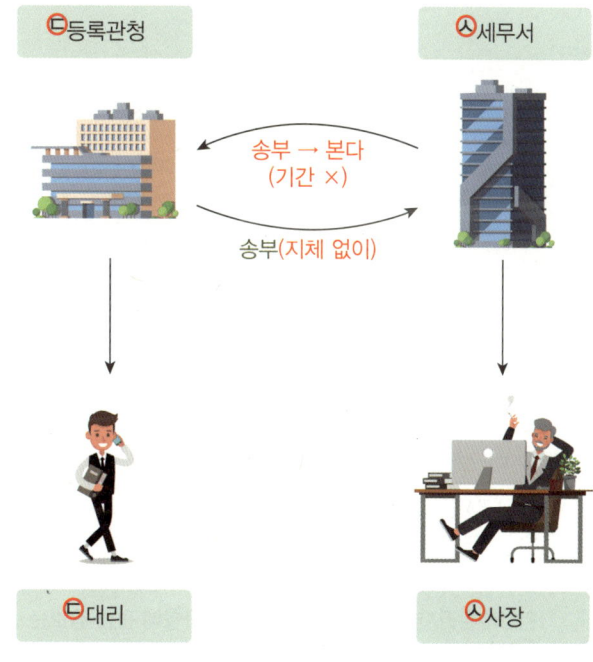

POINT 12 중개계약

1 일반중개계약

구분	내용
중개의뢰인	일반중개계약서의 작성을 **요청할 수 있다**.
국토교통부장관	일반중개계약의 표준이 되는 서식을 정하여 그 사용을 **권장할 수 있다**.
일반중개계약서 기재사항	① 중개대상물의 위치 및 규모 ② **거래예정가격** ③ 거래예정가격에 대한 중개보수 ④ 그 밖에 개업공인중개사와 중개의뢰인이 준수하여야 할 사항

2 전속중개계약

구분	의무내용

개업 공인중개사 의무	① 전속중개계약서를 사용하여 체결, 3년간 보존
	② **정보공개**(단, 의뢰인의 비공개 요청 시 공개금지)
	   ⊙ 공개시기: 전속중개계약 체결 후 **7일 이내**
	   ⓒ 공개방법: 부동산거래정보망 또는 일간신문
	      ※ 각 권리자의 주소, 성명 등 인적사항 공개금지
	      ※ 임대차에 관한 전속중개계약의 경우 공시지가는 공개하지 아니할 수 있다.
	   ⓒ **공개내용의 통지**: 정보공개 후 **지체 없이** 문서로 통지
	③ 업무처리상황 통지: 2주일에 1회 이상 의뢰인에게 **문서로 통지**
	④ 확인 · 설명의무를 성실하게 이행

✓암기법 공개할 내용	① 중개대상물의 종류, 소재지, 지목 및 면적, 건축물의 용도 · 구조 및 건축연도 등 중개대상물을 특정하기 위하여 필요한 사항(**기**본적 사항) ② 소유권 · 전세권 · 저당권 · 지상권 및 임차권 등 중개대상물의 **권**리관계에 관한 사항. 다만, 각 권리자의 주소 · 성명 등 **인**적사항에 관한 정보는 공개하여서는 아니 된다. ③ **공**법상의 이용제한 및 거래규제에 관한 사항 ④ **벽**면 및 도배의 상태 ⑤ **수**도 · 전기 · 가스 · 소방 · 열공급 · 승강기 설비, **오**수 · 폐수 · 쓰레기 처리시설 등의 상태 ⑥ **도**로 및 대중교통수단과의 연계성, 시장 · 학교 등과의 근접성, 지형 등 입지조건, 일조(日照) · 소음 · 진동 등 환경조건 ⑦ 중개대상물의 거래예정금액 및 **공**시지가. **단**, 임대차의 경우에는 공시지가를 공개하지 아니할 수 있다.

중개의뢰인 의무	① 위약금 지불 　㉠ 유효기간 내에 **다른 개업공인중개사**에게 의뢰하여 거래한 경우 　㉡ 유효기간 내에 개업공인중개사의 소개로 알게 된 상대방과 **개업공인중개사를 배제하고 거래**한 경우 → 그가 지불하여야 할 **중개보수에 해당하는 금액만큼의 위약금 지불** ② 비용 지불: 유효기간 내에 중개의뢰인이 **스스로 발견한 상대방과 거래**한 경우 → 중개보수의 50% 범위 안에서 소요된 비용 지불 ③ 개업공인중개사의 확인 · 설명의무 이행에 협조

✓ 암기법   전속중개계약 체결 시 공개사항

㉠, ㉡, ㉢, ㉣, ㉤, ㉥, 거래예정금액 및 공시지가

❶ 중개대상물의 종류, 소재지, 지목 및 면적, 건축물의 용도 · 구조 및 건축연도 등 중개대상물을 특정하기 위하여 필요한 사항(㉠본적 사항)
❷ 소유권 · 전세권 · 저당권 · 지상권 및 임차권 등 중개대상물의 ㉢리관계에 관한 사항. **다만, 각 권리자의 주소 · 성명 등 ㉠적사항에 관한 정보는 공개하여서는 아니 된다.**
❸ ㉢법상의 이용제한 및 거래규제에 관한 사항
❹ ㉣면 및 도배의 상태
❺ ㉤도 · 전기 · 가스 · 소방 · 열공급 · 승강기 설비, ㉥수 · 폐수 · 쓰레기 처리시설 등의 상태
❻ ㉥로 및 대중교통수단과의 연계성, 시장 · 학교 등과의 근접성, 지형 등 **입지조건**, 일조(日照) · 소음 · 진동 등 환경조건
❼ 거래예정금액 및 ㉢시지가. ㉠, 임대차의 경우에는 공시지가를 공개하지 아니할 수 있다.
→ ㉠ ㉥가 ㉢ ㉠에서 일하고 있다.

POINT 13 부동산거래정보망

구분	내용
거래정보망	개업공인중개사 **상호간**에 정보의 공개와 유통을 촉진하는 체계
지정권자	**국토교통부장관**이 거래정보망을 설치·운영할 자를 **지정할 수 있다.**
지정신청자	부가통신사업자
지정요건	① 500명 이상(그중 2개 이상의 시·도에서 각각 30명 이상)의 개업공인중개사로부터 가입·이용신청을 받을 것 ② 정보처리기사 1명 이상 확보 ③ 공인중개사 1명 이상 확보 ④ 국토교통부장관이 정하는 용량·성능을 갖춘 컴퓨터설비 확보
지정신청	지정신청서에 요건구비서류를 첨부하여 국토교통부장관에게 제출하여야 한다.
지정처분	지정신청일로부터 ㉚일 이내에 지정처분 및 지정서를 교부하여야 한다.
운영규정	지정받은 날부터 ③개월 이내에 운영규정을 정하여 국토교통부장관의 승인을 얻어야 한다.
설치·운영	지정받은 날부터 ①년 이내에 설치·운영하여야 한다.

✓ **암기법**

✓ **암기법** 거래정보사업자 지정절차

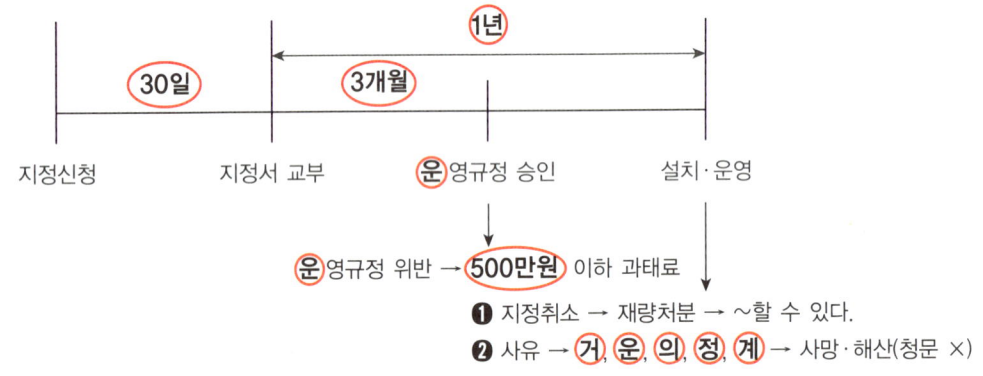

> **✓ 암기법**　거래정보사업자 지정취소사유

재량사유(할 수 있다) → ㉠, ㉡, ㉢, ㉣, ㉤

❶ ㉠짓이나 그 밖의 부정한 방법으로 지정을 받은 경우
❷ 거래정보사업자로 지정을 받은 자가 운영규정의 승인 또는 변경승인을 받지 아니하거나 ㉡영규정에 위반하여 부동산거래정보망을 운영한 경우
❸ 거래정보사업자가 개업공인중개사로부터 공개를 의뢰받은 중개대상물의 정보에 한하여 이를 부동산거래정보망에 공개하지 아니하거나, ㉢뢰받은 내용과 다르게 정보를 공개하거나 어떠한 방법으로든지 개업공인중개사에 따라 정보를 차별적으로 공개한 경우
❹ ㉣당한 사유 없이 지정받은 날부터 1년 이내에 부동산거래정보망을 설치·운영하지 아니한 경우
❺ 개인인 거래정보사업자의 사망 또는 법인인 거래정보사업자의 해산 그 밖의 사유로 부동산거래정보망의 ㉤속적인 운영이 불가능한 경우

→ 거래정보사업자 대표인 ㉠㉡씨㉢ ㉣㉤진출 때문에 지정이 취소될 수도 있다.

POINT 14 금지행위

1 1년 이하의 징역 또는 1천만원 이하의 벌금형 ✓암기법

① 중개대상물의 매매를 업으로 하는 행위
② 무등록중개업자인 사실을 **알면서** 그를 통하여 중개를 의뢰받거나 그에게 자기의 명의를 이용하게 하는 행위
③ 사례·증여 그 밖의 어떠한 명목으로도 **법정중개보수 또는 실비를 초과하여 금품**을 받는 행위
④ 해당 중개대상물의 거래상의 중요사항에 관하여 **거짓된 언행** 그 밖의 방법으로 중개의뢰인의 판단을 그르치게 하는 행위

2 3년 이하의 징역 또는 3천만원 이하의 벌금형 ✓암기법

① 관계 법령에서 양도·알선 등이 금지된 부동산의 분양·임대 등과 관련 있는 (증서) 등의 매매·교환 등을 중개하거나 그 매매를 업으로 하는 행위
② 중개의뢰인과 (직)접 거래를 하거나 거래당사자 (쌍)방을 대리하는 행위
③ 탈세 등 관계 법령을 위반할 목적으로 소유권보존등기 또는 이전등기를 하지 아니한 부동산이나 관계 법령의 규정에 의하여 전매 등 권리의 변동이 제한된 부동산의 매매를 중개하는 등 **부동산 투기를 조장**하는 행위
④ 중개대상물의 (시세)에 부당한 영향을 주거나 줄 우려가 있는 행위
⑤ (단체)를 구성하여 특정 중개대상물에 대하여 중개를 제한하거나 공동중개를 제한하는 행위
⑥ 안내문, 온라인 커뮤니티 등을 이용하여 (특)정 개업공인중개사등에 대한 중개의뢰를 제한하거나 제한을 유도하는 행위
⑦ 안내문, 온라인 커뮤니티 등을 이용하여 중개대상물에 대하여 시세보다 현저히 높게 표시·광고 또는 중개하는 (특)정 개업공인중개사등에게만 중개의뢰를 하도록 유도함으로써 다른 개업공인중개사등을 부당하게 차별하는 행위
⑧ 안내문, 온라인 커뮤니티 등을 이용하여 (특)정 가격 이하로 중개를 의뢰하지 아니하도록 유도하는 행위
⑨ 정당한 사유 없이 개업공인중개사등의 중개대상물에 대한 (정당한) 표시·광고 행위를 방해하는 행위
⑩ 개업공인중개사등에게 중개대상물을 시세보다 (현저히) 높게 표시·광고하도록 강요하거나 대가를 약속하고 시세보다 현저히 높게 표시·광고하도록 유도하는 행위

✓ 암기법 금지행위

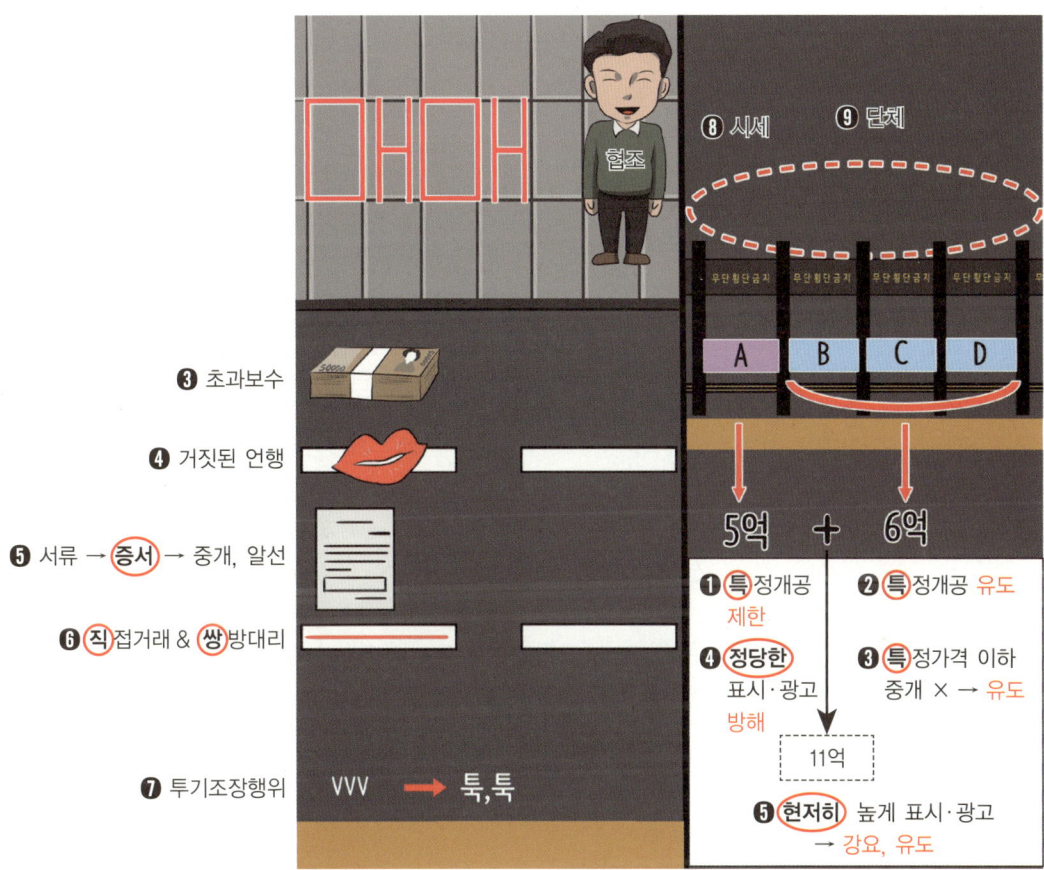

POINT 15 중개대상물 확인·설명 등

구분	확인·설명의무	확인·설명서 작성의무
의무자	개업공인중개사(법인은 대표자, 분사무소는 책임자)	
시기	중개완성 전	중개가 완성되어 거래계약서를 작성하는 때
대상	권리**취득**의뢰인에게 **설명**	거래당사자 **쌍방**에게 **교부**
방법	성실·정확하게 설명하고 근거자료를 제시하여야 한다.	① 작성: 표준서식을 사용하여 작성하고 그 사본을 **3년간 보존**해야 한다. ② **서명 및 날인**: 개업공인중개사(법인은 대표자, 분사무소는 책임자) 및 **해당 중개행위를 한 소속공인중개사**
상태자료 요구권	① 개업공인중개사는 매도인 등 권리이전의뢰인 등에게 자료의 제공을 요구할 수 있다(**내**, **벽**, **환** - 내·외부 시설물상태, 벽면·바닥면 및 도배상태, 환경조건). ② 매도인 등이 불응 시 개업공인중개사는 권리취득의뢰인에게 이를 설명하고 확인·설명서에 기재해야 한다.	

	중개업무 – 확인·설명사항	경매대리업무 – 확인·설명사항
✔**암기법** 확인· 설명사항 비교	① 기본적인 사항 ② 권리관계 ③ **토**지이용계획, 공법상 제한 ④ 벽면·**바닥면** 및 도배의 상태 ⑤ 수도·전기·가스·소방·열공급·승강기 및 **배**수 등 시설물의 상태 ⑥ 도로 등 입지조건, 일조 등 환경조건 ⑦ 거래예정금액, **중**개보수 ⑧ **취**득 관련 조세의 종류 및 세율 ⑨ 관리비 금액과 그 산출내역 ⑩ 「주택임대차보호법」 제3조의7에 따른 **임대인의 정보 제시 의무** 및 같은 법 제8조에 따른 보증금 중 일정액의 보호에 관한 사항 ⑪ 「주민등록법」 제29조의2에 따른 **전입세대확인서의 열람 또는 교부에 관한 사항** ⑫ 「민간임대주택에 관한 특별법」 제49조에 따른 임대보증금에 대한 보증에 관한 사항(중개대상물인 주택이 같은 법에 따른 민간임대주택인 경우만 해당한다) ⇨ 다만, 위 ⑨~⑫는 주택임대차 중개의 경우에만 적용한다.	① 매수신청대리 대상물의 표시 ② 권리관계 ③ 제한사항 ④ 매수신청대리 대상물의 **경제적 가치** ⑤ **부담 및 인수하여야 할 권리**

✓암기법 확인·설명사항

(기), (권), (공), (벽), (수), (도), 거래예정금액 및 중개보수, 취득조세

❶ 중개대상물의 종류·소재지·지번·지목·면적·용도·구조 및 건축연도 등 중개대상물에 관한 (기)본적인 사항
❷ 소유권·전세권·저당권·지상권 및 임차권 등 중개대상물의 (권)리관계에 관한 사항
❸ 거래예정금액·(중)개보수 및 실비의 금액과 그 산출내역
❹ (토)지이용계획, (공)법상 거래규제 및 이용제한에 관한 사항
❺ (벽)면·(바닥면) 및 도배의 상태
❻ (수)도·전기·가스·소방·열공급·승강기 및 (배)수 등 시설물의 상태
❼ 일조·소음·진동 등 환경조건
❽ (도)로 및 대중교통수단과의 연계성, 시장·학교와의 근접성 등 입지조건
❾ 중개대상물에 대한 권리를 (취)득함에 따라 부담하여야 할 조세의 종류 및 세율
❿ 관리비 금액과 그 산출내역
⓫ 「주택임대차보호법」 제3조의7에 따른 **임대인의 정보 제시 의무** 및 같은 법 제8조에 따른 **보증금 중 일정액의 보호에 관한 사항**
⓬ 「주민등록법」 제29조의2에 따른 **전입세대확인서의 열람 또는 교부에 관한 사항**
⓭ 「민간임대주택에 관한 특별법」 제49조에 따른 **임대보증금에 대한 보증에 관한 사항**(중개대상물인 주택이 같은 법에 따른 민간임대주택인 경우만 해당한다)
⇨ 다만, 위 ❿~⓭은 주택임대차 중개의 경우에만 적용한다.

✓암기법 전속중개계약 체결 시 공개사항, 확인·설명사항 비교

전속중개계약 → 공개사항	확인·설명 → 설명사항
(기), (권), (공), (벽), (수), (도) →	┌ (도)로 → 입지조건 └ 일조 → 환경조건
(인), (오), (공), (단) ❶ 권 → (인)적사항 공개 × ❷ 수 → (오)·폐수, 쓰레기 ❸ 거래예정금액 & (공)시지가 ❹ (단)임대차 → 공개 △ ❺ 벽면 및 도배의 상태	(토), (배), (중), (취), (바닥면) ❶ 공 → (토)지이용계획 + 공법상 제한 ❷ 수 → (배)수 등 시설물 ❸ 거래예정금액 & (중)개보수 ❹ (취)득조세 ❺ 벽면·(바닥면) 및 도배의 상태 ❻ 국세·지방세 확정일자(임대인의 정보 제시 의무) ❼ 전입세대확인서 열람 또는 교부 ❽ 관리비 금액과 그 산출내역 ❾ 보증금 중 일정액의 보호에 관한 사항 ❿ 임대보증금에 대한 보증에 관한 사항 ⇨ 다만, 위 ❻~❿은 주택임대차 중개의 경우에만 적용한다.

→ (인) (오)가 (공) (단)에서 일하고 있다.   → (토)는 (바닥면)에 하자.

✓ 암기법 확인·설명사항

POINT 16 거래계약서 작성

구분	내용	필요적 기재사항 ✓암기법
작성의무자	개업공인중개사(법인은 대표자, 분사무소는 책임자)	① **권리이전의 내용** ② **물건의 표시** ③ **거래금액, 계약금액 및 지급일자 등 지급에 관한 사항** ④ **계약일** ⑤ **중개대상물 확인 · 설명서 교부일자** ⑥ **물건의 인도일시** ⑦ **계약의 조건이나 기한이 있는 경우 그 조건 또는 기한** ⑧ **그 밖의 약정내용** ⑨ **거래당사자의 인적사항**
시기	중개가 완성된 때	
표준서식	① 없다. ② 국토교통부장관은 표준서식을 정하여 사용을 권장할 수 있다.	
서명 및 날인	개업공인중개사(법인은 대표자, 분사무소는 책임자) + 해당 중개업무를 수행한 소속공인중개사	
교부	거래당사자	
사본 보존	5년	
성실작성	서로 다른 둘 이상 작성 및 거래금액 등의 거짓 기재금지	
	① 개업공인중개사가 서로 다른 둘 이상 작성, 거짓 기재: 상대적 등록취소 ② 기타 위반: 업무정지처분	
	소속공인중개사가 서로 다른 둘 이상 작성, 거짓 기재, 해당 중개업무수행 시 서명 및 날인을 하지 아니한 경우: 자격정지처분	

✓암기법 거래계약서 필요적 기재사항

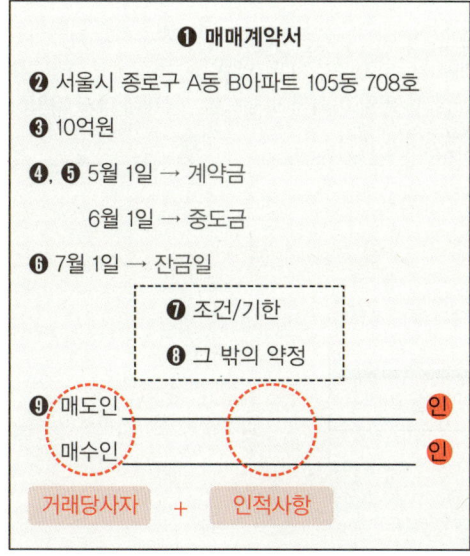

❶ 권리이전의 내용
❷ 물건의 표시
❸ 거래금액, 계약금액 및 지급일자 등 지급에 관한 사항
❹ 계약일 ❺ 중개대상물 확인 · 설명서 교부일자
❻ 물건의 인도일시
❼ 계약의 조건이나 기한이 있는 경우 그 조건 또는 기한
❽ 그 밖의 약정내용
❾ 거래당사자의 인적사항

POINT 17 손해배상책임과 업무보증설정

1 개업공인중개사의 손해배상책임

구분	구체적 내용
과실책임	개업공인중개사의 고의·과실로 재산상 손해가 발생한 경우
무과실책임	① 중개사무소를 다른 사람의 중개행위의 장소로 제공하여 재산상 손해가 발생한 경우 ② 고용인의 업무상 고의·과실로 재산상 손해가 발생한 경우

2 개업공인중개사의 업무보증설정

구분	구체적 내용
설정시기	중개업무를 개시하기 전
✓암기법 설정금액	① 법인인 개업공인중개사(중개법인): 4억원 이상 ② 법인의 분사무소: 1개소당 2억원 이상 추가 설정 ③ 법인이 아닌 개업공인중개사: 2억원 이상 ④ 특수법인: 2천만원 이상
설정방법	보증보험, 공제, 공탁 중 선택 ※ 공탁금의 회수제한: 개업공인중개사의 사망·폐업 후 3년 이내
보증변경	이미 설정한 보증의 효력이 있는 기간 중
보증의 재설정	① 보장기간 만료로 인한 재설정: 보장기간 만료일까지 ② 보증보험·공제금으로 손해배상한 경우 재설정: 배상 후 15일 이내
보증금 지급	① 보증금 지급신청: 지급청구서에 개업공인중개사의 책임을 증명할 수 있는 서류(합의서·판결서·조서 등)를 첨부하여 보증기관에 지급을 신청하여야 한다. ② 보증기관의 배상: 개업공인중개사는 배상 후 15일 이내에 보증보험·공제에 다시 가입하거나 공탁금 중 부족하게 된 금액을 보전하여야 한다.

✓암기법 업무보증설정절차

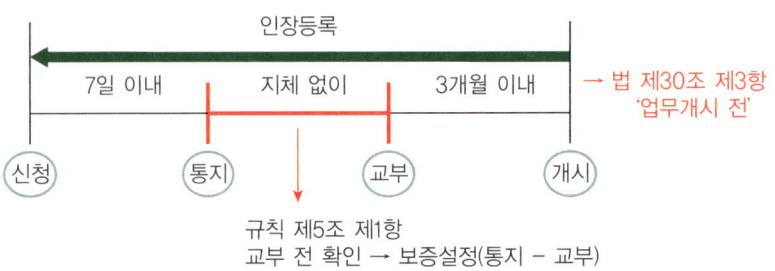

POINT 18. 계약금 등 반환채무이행의 보장

구분	계약금 등을 예치하는 경우 구체적인 내용 ✓암기법
예치명의자	개업공인중개사, **은**행, **공**제사업자, **신**탁업자, **체**신관서, **보**험회사, **전**문회사
예치기관	**금**융기관, **공**제사업자, **신**탁업자, 기타 등(체신관서, 보험회사 등)
의무	개업공인중개사 명의로 예치 시 개업공인중개사의 의무 ① 인출에 대한 동의방법, 반환채무이행을 보장하기 위한 **실비** 등에 대하여 거래당사자와 **약정**해야 한다. ② 자기소유 예치금과 **분리하여 관리**해야 한다. ③ 거래당사자의 동의 없이 미리 인출해서는 안 된다. ④ 예치금액에 해당하는 **보증을 설정**하고 보증관계증서 사본이나 전자문서를 거래당사자에게 교부해야 한다.
사전 수령	매도인 등은 **금융기관** 또는 보증보험회사가 발행하는 보증서를 계약금 등의 **예치명의자**에게 **교부**하고 예치된 계약금 등을 미리 수령 가능하다.

✓암기법 예치절차 및 내용

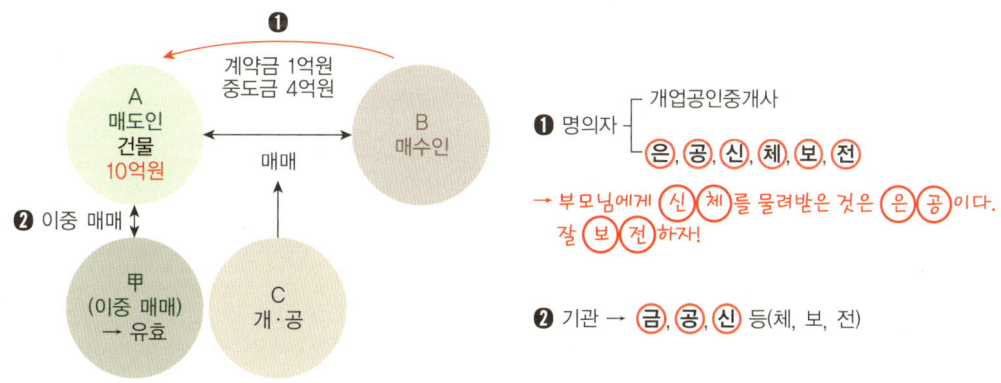

✓암기법 개업공인중개사의 명의 특칙

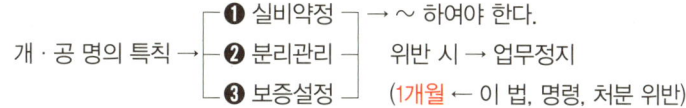

POINT 19 중개보수 및 실비

1 중개보수 및 실비

구분	내용
중개보수 계산	거래금액 × 요율 = 산출액(한도액과 비교하여 적은 금액 인정)
✓암기법 거래금액산정	① 분양권 매매: 이미 납입한 금액에 프리미엄을 합산한 금액 ② 교환계약: 교환대상물 중 **큰** 중개대상물 금액 ③ 월차임이 있는 임대차: 보증금 + (월차임 ×100) 　※ 단, 5천만원 미만인 경우 70을 곱한다. ④ ⓓ일한 중개대상물에 대하여 ⓓ일한 당사자 간에 매매를 포함한 둘 이상의 거래가 ⓓ일한 기회에 이루어지는 경우에는 매매금액만 적용한다. → 동 동 동 → 쓰리ⓓ!
✓암기법 중개보수범위	① **주택(부속토지 포함)**: 국토교통부령이 정하는 범위 안에서 **시·도의 조례**로 정하는 요율 한도 이내에서 중개의뢰인과 개업공인중개사가 협의하여 결정한다(규칙 제20조). ② 주거용 오피스텔 　㉠ 매매·교환: 1천분의 5 　㉡ 임대차 등: 1천분의 4 　㉢ 사무용 오피스텔은 주택 외의 계산규정에 의한다. ③ **주택 외**: 국토교통부령으로 정한다. 거래금액의 1천분의 9 범위 안에서 개업공인중개사와 중개의뢰인이 협의하여 결정한다. ④ **복합건물**: 주택의 면적이 2분의 1 이상인 경우에는 **주택의 요율**을 적용하고, 주택의 면적이 2분의 1 미만인 경우에는 주택 외의 요율을 적용한다. ⑤ 분양권 전매를 중개한 경우 기납입금액에 프리미엄(P)을 합산한 금액을 거래금액으로 한다.
실비	① **권리관계 등 확인비용**: 매도인 등 **권리이전의뢰인**에게 청구한다. ② 계약금 등의 **반환채무이행보장비용**: 매수인 등 **권리취득의뢰인**에게 청구한다.

2 주택 중개보수 상한 요율

(국토교통부령)

거래내용	거래금액	상한 요율	한도액
매매·교환	5천만원 미만	1천분의 6	25만원
	5천만원 이상 2억원 미만	1천분의 5	80만원
	2억원 이상 9억원 미만	1천분의 4	
	9억원 이상 12억원 미만	**1천분의 5**	
	12억원 이상 15억원 미만	1천분의 6	
	15억원 이상	1천분의 7	

임대차 등	5천만원 미만	1천분의 5	20만원
	5천만원 이상 1억원 미만	1천분의 4	30만원
	1억원 이상 6억원 미만	1천분의 3	
	6억원 이상 12억원 미만	**1천분의 4**	
	12억원 이상 15억원 미만	1천분의 5	
	15억원 이상	1천분의 6	

✓ 암기법 점유개정, 겸용주택, 분양권전매

❶ 점유개정

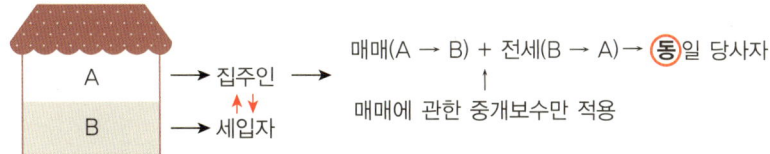

❷ 겸용주택

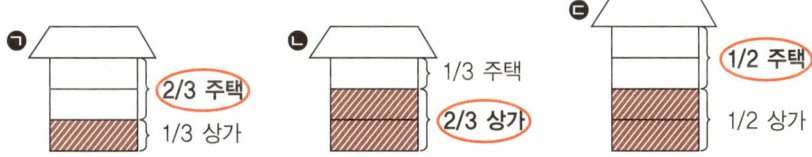

❸ 분양권전매

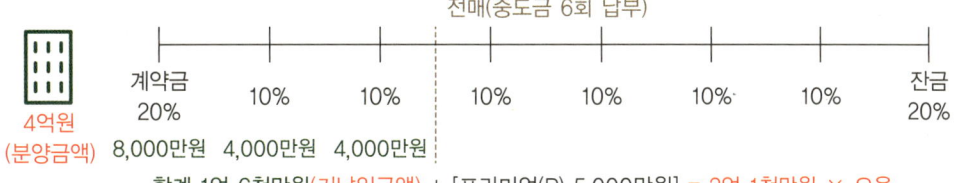

POINT 20 공인중개사협회

1 공인중개사협회

구분	내용
설립절차	발기인 모임(300인 이상)에서 정관 작성 → 창립총회(600인 이상 출석: 서울에서 100인 이상, 광역시 및 도에서 각각 20인 이상 출석)의결 → 국토교통부장관의 설립인가 → 주된 사무소에서 설립등기를 함으로써 성립한다.
조직	시·도에 지부를, 시·군·구에는 지회를 둘 수 있다.
감독	협회, 지부 및 지회에 대한 감독관청: 국토교통부장관
보고	협회는 총회의 의결내용을 지체 없이 국토교통부장관에게 보고하여야 한다.
공제사업 - 책임준비금	공제료 수입액의 100분의 10 이상으로 정하여야 한다.
공제사업 - 회계	다른 회계와 구분하여 별도의 회계로 관리하여야 한다.
공제사업 - 운용실적	운용실적을 회계연도 종료 후 3개월 이내에 공시해야 한다. → 운 → 3개월!
공제사업 - 시정명령	국토교통부장관은 협회가 공제사업의 건전성을 해할 우려가 있다고 인정되는 경우 시정을 명할 수 있다.
공제사업 - 검사	금융감독원장은 국토교통부장관의 요청이 있는 경우 공제사업에 관하여 검사를 할 수 있다.
공제사업 - 운영위원회	공제사업에 관한 사항을 심의하고 그 업무집행을 감독하기 위하여 협회에 운영위원회를 둔다.
공제사업 - ✓암기법 개선명령	국토교통부장관은 협회의 공제사업 운영이 적정하지 아니하거나 자산상황이 불량하다고 인정하면 개선명령 등의 조치를 명할 수 있다.
공제사업 - 재무건전성	협회는 공제금 지급능력과 경영의 건전성을 확보하기 위하여 자본의 적정성 등에 관하여 재무건전성 기준을 지켜야 한다.
공제사업 - 징계·해임 등	국토교통부장관은 협회의 임원이 공제사업을 건전하게 운영하지 못할 우려가 있는 경우 그 임원에 대한 징계·해임, 시정명령을 할 수 있다.

✓암기법 공제사업 운영의 개선명령사항

국토교통부장관은 협회의 공제사업 운영이 적정하지 아니하거나 자산상황이 불량하여 중개사고 피해자 및 공제가입자 등의 권익을 해칠 우려가 있다고 인정하면 다음의 조치를 명할 수 있다.

❶ 업무집행방법의 변경
❷ 자산예탁기관의 변경
❸ 자산의 장부가격의 변경 → 업 자 가 불 손 해서 개선명령을 내렸다.
❹ 불건전한 자산에 대한 적립금의 보유
❺ 가치가 없다고 인정되는 자산의 손실처리
❻ 그 밖에 이 법 및 공제규정을 준수하지 아니하여 공제사업의 건전성을 해할 우려가 있는 경우 이에 대한 개선명령

✓ **암기법** 공제사업 운영의 개선명령사항

2 공제사업 중요 내용 정리

구분	내용
책임준비금	공제료 수입액의 **100분의 10 이상**으로 정하여야 한다.
회계	다른 회계와 구분하여 별도의 회계로 관리하여야 한다.
운용실적	운용실적을 회계연도 종료 후 ③개월 이내에 공시해야 한다.
시정명령	국토교통부장관은 협회가 공제사업의 건전성을 해할 우려가 있다고 인정되는 경우 시정을 명할 수 있다.
조사·검사	금융감독원장은 국토교통부장관의 요청이 있는 경우 공제사업에 관하여 조사 또는 검사를 할 수 있다.
운영위원회	공제사업에 관한 사항을 심의하고 그 업무집행을 감독하기 위하여 협회에 운영위원회를 둔다.
개선명령	국토교통부장관은 협회의 공제사업 운영이 적정하지 아니하거나 자산상황이 불량하다고 인정하면 개선명령 등의 조치를 명할 수 있다.
재무건전성 기준	지급여력비율은 **100분의 100 이상**을 유지하여야 한다.
징계·해임 등	국토교통부장관은 협회의 임원이 공제사업을 건전하게 운영하지 못할 우려가 있는 경우 그 임원에 대한 징계·해임, 시정명령을 할 수 있다.

POINT 21 교육

구분	ⓢ실무교육 ✓암기법	ⓞ연수교육 ✓암기법	ⓙ직무교육 ✓암기법
실시권자	ⓢ시 · 도지사	시 · 도지사 ※ 시 · 도지사는 연수교육을 실시하려는 경우 2년이 되기 2개월 전까지 교육의 일시 · 장소 · 내용 등을 대상자에게 통지하여야 한다.	시 · 도지사, 등록관청
교육대상자	• 등록을 신청하는 공인중개사 • 법인 사원 · 임원(대표자 포함) • 분사무소 책임자 • ⓢ소속공인중개사 ※ 실무교육 면제: 폐업신고 후 1년 이내에 등록을 다시 신청하려는 자 및 소속공인중개사로서 고용관계 종료 신고 후 1년 이내에 등록을 신청하려 하거나 고용신고를 다시 하려는 자	실무교육을 받은 • 개업공인중개사 • 소속공인중개사	ⓙ중개보조원 ※ 직무교육 면제: 고용관계 종료 신고 후 1년 이내에 고용신고를 다시 하려는 자
교육시기	등록신청일 · 분사무소설치신고일 · 고용신고일 전 1년 이내	실무교육을 받은 후 2년마다	고용신고일 전 1년 이내
성격	받아야 한다.	받아야 한다.	받아야 한다.
교육시간	28시간 이상 32시간 이하	12시간 이상 16시간 이하	3시간 이상 4시간 이하
교육내용	법률지식, 부동산 중개 및 경영실무, 직업윤리	부동산 중개 관련 법제도의 변경사항, 부동산 중개 및 경영실무, 직업윤리 등	중개보조원의 **직무수행에 필요**한 ⓙ직업윤리 등
교육위탁	학교, 협회, 공기업 또는 준정부기관에 위탁할 수 있다.		

✓ 암기법 교육 관련 내용

교육

첫째 아들 / 둘째 아들 / 셋째 아들

1 ㅅ	2 ㅇ	3 ㅈ
ㅅ실무교육	ㅇ연수교육	ㅈ직무교육
ㅅ시·도지사	시·도지사	시·도지사, 등록관청
ㅅ소·공	소·공	ㅈ중·보
1년 이내	2년~2개월 전까지 통보	ㅈ직업윤리
28~32시간	12~16시간	3~4시간

POINT 22 포상금 및 신고센터

1 포상금

구분	구체적 내용
✓암기법 신고·고발 대상자	① 무등록중개업자(폐업, 등록취소의 경우 포함) ② 거짓이나 그 밖의 부정한 방법으로 등록한 자 ③ 등록증을 양도·대여하거나 양수·대여받은 자 ④ 자격증을 양도·대여하거나 양수·대여받은 자 ⑤ **개업공인중개사가 아닌 자로서 중개대상물에 대한 표시·광고를 한 자** ⑥ 부당한 이익을 얻거나 제3자에게 부당한 이익을 얻게 할 목적으로 거짓으로 거래가 완료된 것처럼 꾸미는 등 중개대상물의 (시세)에 부당한 영향을 주거나 줄 우려가 있는 행위를 한 자 ⑦ (단체)를 구성하여 특정 중개대상물에 대하여 중개를 제한하거나 단체 구성원 이외의 자와 공동중개를 제한하는 행위를 한 자 ⑧ 안내문, 온라인 커뮤니티 등을 이용하여 (특)정 개업공인중개사등에 대한 중개의뢰를 제한하거나 제한을 유도하는 행위를 한 자 ⑨ 안내문, 온라인 커뮤니티 등을 이용하여 중개대상물에 대하여 시세보다 현저하게 높게 표시·광고 또는 중개하는 (특)정 개업공인중개사등에게만 중개의뢰를 하도록 유도함으로써 다른 개업공인중개사등을 부당하게 차별하는 행위를 한 자 ⑩ 안내문, 온라인 커뮤니티 등을 이용하여 (특)정 가격 이하로 중개를 의뢰하지 아니하도록 유도하는 행위를 한 자 ⑪ (정당한) 사유 없이 개업공인중개사등의 중개대상물에 대한 정당한 표시·광고 행위를 방해하는 행위를 한 자 ⑫ 개업공인중개사등에게 중개대상물을 시세보다 (현저히) 높게 표시·광고하도록 강요하거나 대가를 약속하고 시세보다 현저하게 높게 표시·광고하도록 유도하는 행위를 한 자
지급조건	행정기관에 발각되기 전에 신고 또는 고발할 것 + 검사가 (공)소제기 또는 (기)소유예결정을 하였을 것 → 검사실에 들어가면 (공)(기)가 살벌해!
포상금 지급시기	신고·고발자가 **등록관청에 포상금 지급신청**: 등록관청은 수사기관에 처분내역을 조회한 후 **1개월 이내에 지급**
포상금 지급내용	포상금은 1건당 50만원으로 한다. ※ 포상금지급에 소요되는 비용 중 일부(100분의 50 이내)를 국고에서 **보조**할 수 있다. ① 하나의 사건을 (2인) 이상이 공동으로 신고한 경우: (균등)하게 지급(단, 배분방법에 대한 합의 시 합의가 우선) ② 하나의 사건에 대하여 (2건) 이상이 신고·고발된 경우: (최초) 신고·고발자에게 지급

✓ 암기법 포상금 지급사유

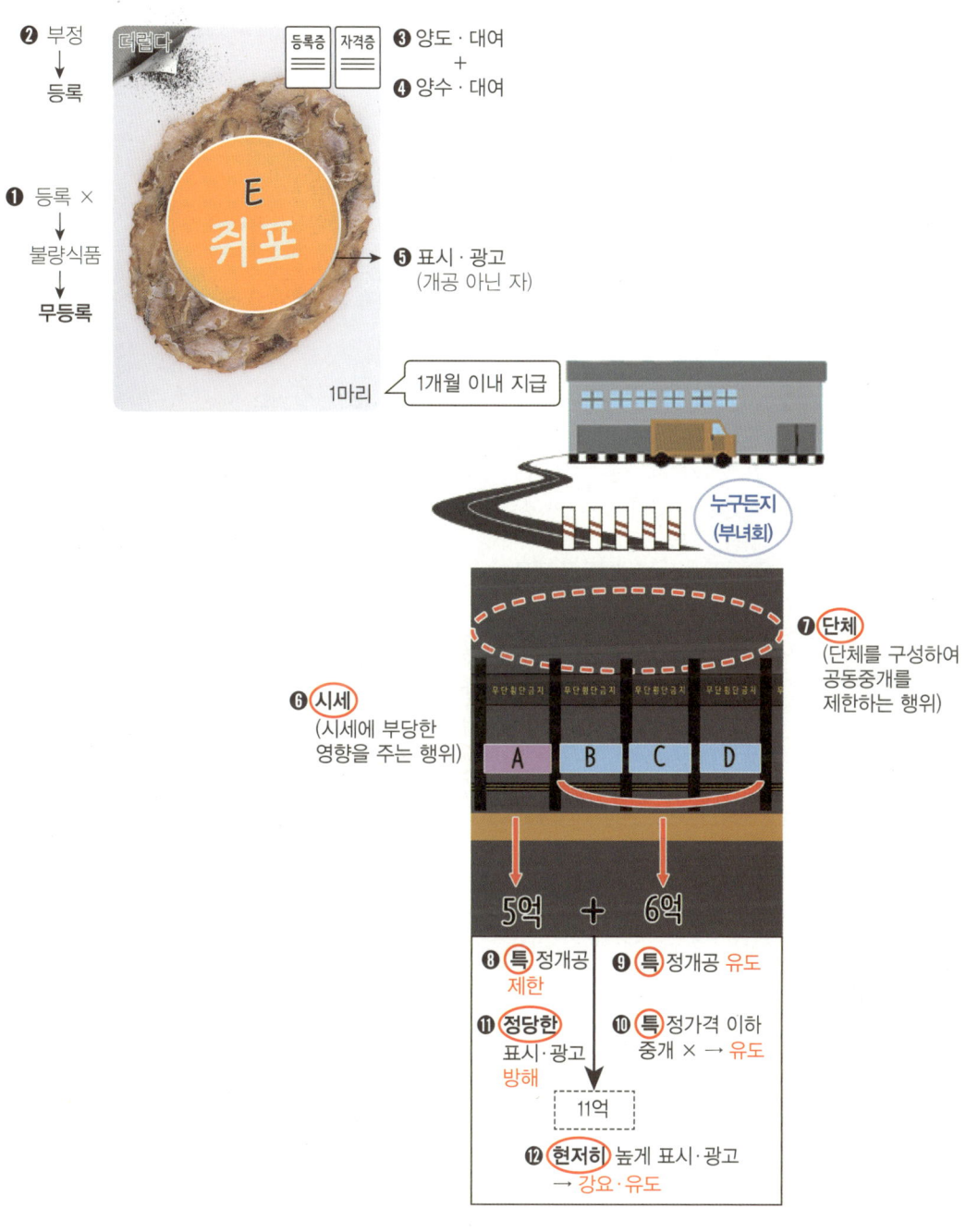

22 포상금 및 신고센터

2 부동산거래질서교란행위 신고센터

구분	구체적 내용
신고센터업무	① 부동산거래질서교란행위 신고의 접수 및 상담 ② 신고사항에 대한 확인 또는 시·도지사 및 등록관청 등에 신고사항에 대한 조사 및 조치요구 ③ 신고인에 대한 신고사항 처리결과 통보
신고사항 (전자문서 포함)	① 신고인 및 피신고인의 인적사항 ② 부동산거래질서교란행위의 발생일시·장소 및 그 내용 ③ 신고내용을 증명할 수 있는 증거자료 또는 참고인의 인적사항 ④ 그 밖의 신고처리에 필요한 사항
처리 종결	다음의 경우 신고센터는 **국토교통부장관의 승인**을 받아 접수된 신고사항의 처리를 종결할 수 있다. ① 신고내용이 명백히 거짓인 경우 ② 신고인이 신고센터의 보완요청에 대해 보완을 하지 않은 경우 ③ 신고사항의 처리결과를 통보받은 사항에 대하여 정당한 사유 없이 다시 신고한 경우로서 새로운 사실이나 증거자료가 없는 경우 ④ 신고내용이 이미 수사기관에서 수사 중이거나 재판이 계속 중이거나 법원의 판결에 의해 확정된 경우
✓암기법 통보 및 제출	① 시·도지사 및 등록관청 등은 조사 및 조치를 완료하고, 완료된 날부터 10일 이내에 그 결과를 신고센터에 통보해야 한다. → 시등이는 10일이를 좋아한다. ② 신고센터는 시·도지사 및 등록관청 등으로부터 처리결과를 통보받은 경우 신고인에게 신고사항의 처리결과를 통보해야 한다. ③ 신고센터는 매월 10일까지 직전 달의 신고사항 접수 및 처리결과 등을 국토교통부장관에게 제출해야 한다. → 국장님은 매월이를 좋아한다.
업무 위탁	국토교통부장관은 신고센터의 업무를 한국부동산원에 위탁한다.

> **✓암기법** 부동산거래질서교란행위 신고절차

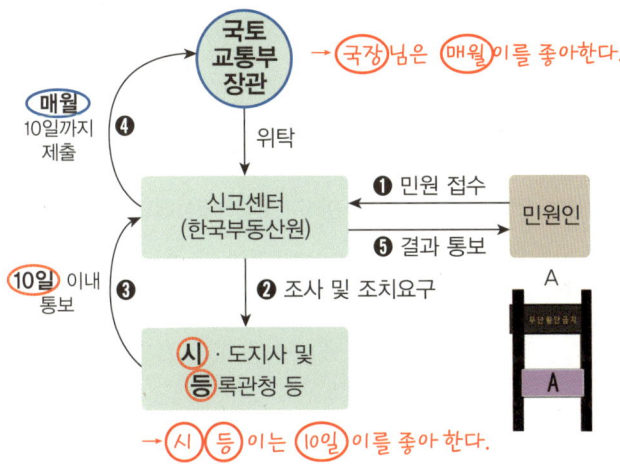

3 부동산거래질서교란행위 ✓암기법

① 중개보조원의 고지의무규정을 위반한 경우
② 거짓이나 그 밖의 부정한 방법으로 중개사무소의 개설등록을 한 경우
③ 개업공인중개사가 중개대상물의 확인·설명의무규정을 위반한 경우
④ 개업공인중개사가 임대차 중개 시의 설명의무규정을 위반한 경우
⑤ 법인인 개업공인중개사의 겸업제한규정을 위반한 경우
⑥ 유사명칭의 사용금지규정을 위반한 경우
⑦ 개업공인중개사가 중개보조원 고용인원수규정을 위반한 경우
⑧ 중개사무소등록증 등의 게시의무규정을 위반한 경우
⑨ 중개사무소등록증 대여 등의 금지규정을 위반한 경우
⑩ 자격증 대여 등의 금지규정을 위반한 경우
⑪ 사무소명칭표시규정을 위반한 경우
⑫ 중개사무소의 개설등록규정을 위반한 경우
⑬ 금지행위(제33조 제1항, 제2항)규정을 위반한 경우
⑭ 둘 이상의 사무소를 설치하거나 임시중개시설물을 설치한 경우
⑮ 개업공인중개사가 거래계약서를 작성하는 때에 거래금액 등 거래내용을 거짓으로 기재하거나 서로 다른 둘 이상의 거래계약서를 작성한 경우
⑯ 개업공인중개사등의 비밀준수의무규정을 위반한 경우
⑰ 이중등록, 이중소속의 금지 등의 규정을 위반한 경우
⑱ 부동산 거래의 신고에 관한 규정을 위반한 경우
⑲ 부동산 거래의 해제등 신고에 관한 규정을 위반한 경우

⑳ 누구든지 부동산 거래신고 또는 부동산 거래의 해제등 신고에 관하여 다음의 어느 하나에 해당하는 행위를 한 경우

㉠ 거짓으로 부동산 거래신고 또는 부동산 거래의 해제등 신고에 따른 신고를 하는 행위를 조장하거나 방조하는 행위

㉡ 개업공인중개사에게 부동산 거래신고를 하지 아니하게 하거나 거짓으로 신고하도록 요구하는 행위

㉢ 부동산 거래신고 대상에 해당하는 계약을 체결한 후 신고 의무자가 아닌 자가 거짓으로 부동산 거래신고를 하는 행위

㉣ 부동산 거래신고 대상에 해당하는 계약을 ㉠결하지 아니하였음에도 불구하고 거짓으로 부동산 거래신고를 하는 행위

㉤ 부동산 거래신고 후 해당 계약이 ㉠제등이 되지 아니하였음에도 불구하고 거짓으로 부동산 거래의 해제등 신고를 하는 행위

✓ 암기법 부동산거래질서교란행위 ①~⑲

✓ 암기법 부동산거래질서교란행위 ⑳(㉠~㉤)

22 포상금 및 신고센터

POINT 23 개업공인중개사에 대한 행정처분 (등록취소, 업무정지)

1 개업공인중개사에 대한 행정처분

(1) 절대적 등록취소사유 ✓암기법

① 개인인 개업공인중개사가 **사망**하거나 개업공인중개사인 법인이 **해산**한 경우
② 거짓이나 그 밖의 **부정한 방법**으로 중개사무소의 **개설등록**을 한 경우
③ 등록 등의 **결격사유**에 해당하게 된 경우
   ※ 중개법인의 사원 또는 임원이 결격사유에 해당하는 경우 2개월 이내에 결격사유를 해소하지 아니하면 법인의 등록을 취소하여야 한다.
④ **이중**으로 중개사무소의 **개설등록**을 한 경우
⑤ **이중소속**한 경우(개업공인중개사가 다른 개업공인중개사의 소속공인중개사·중개보조원 또는 개업공인중개사인 법인의 사원·임원이 된 경우)
⑥ 다른 사람에게 자기의 **성명** 또는 **상호를 사용**하여 중개업무를 하게 하거나 중개사무소**등록증**을 다른 사람에게 양도 또는 대여한 경우
⑦ ㉠무정지기간 중에 중개㉡무를 한 경우, 자격정지기간 중인 소속공인중개사에게 중개업무를 하게 한 경우
⑧ 최근 ①년 이내에 이 법에 의하여 ②회 이상 업무정지처분을 받고 다시 업무정지처분에 해당하는 행위를 한 경우
⑨ 개업공인중개사가 개업공인중개사와 소속공인중개사를 합한 수의 5배를 초과하여 중개보조원을 고용한 경우

✓암기법 절대적 등록취소사유

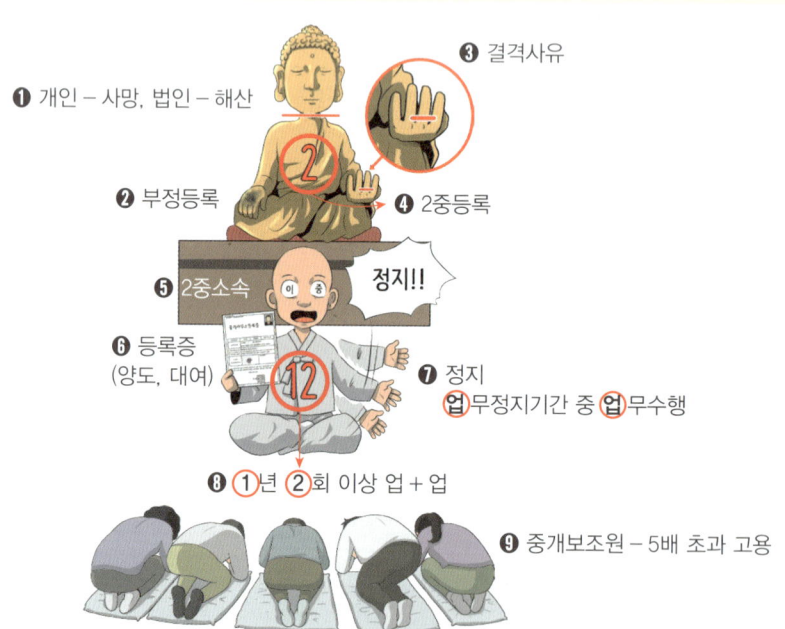

(2) 상대적 등록취소사유 ✓암기법
① 개업공인중개사가 **등록기준에 미달**하게 된 경우
② **둘 이상의 중개사무소**를 둔 경우
③ **임시중개시설물**을 설치한 경우
④ 법인인 개업공인중개사가 **겸업가능범위를 벗어나 겸업**을 한 경우
⑤ 부득이한 사유 없이 계속하여 **6개월을 초과하여 휴업**한 경우
⑥ 손해배상책임을 보장하기 위한 조치(**업무보증 설정**)를 이행하지 않고 업무를 개시한 경우
⑦ 전속중개계약체결 시 중개대상물에 대한 **정보를 공개하지 않거나** 중개의뢰인의 **비공개요청에도 불구하고 정보를 공개**한 경우
⑧ 거래계약서에 거래금액 등 거래내용을 **거짓으로 기재**하거나 서로 다른 **둘 이상의 거래계약서를 작성**한 경우
⑨ 개업공인중개사등이 법 제33조 제1항 각 호에 규정된 **금지행위**를 한 경우
⑩ 최근 ①년 이내에 이 법에 의하여 ③회 이상 업무정지 또는 과태료의 처분을 받고 다시 **업무정지 또는 과태료**의 처분에 해당하는 행위를 한 경우
　※ 다만, 최근 1년 이내에 이 법에 의하여 2회 이상 업무정지처분을 받고 다시 업무정지처분에 해당하는 행위를 한 경우는 제외한다.
⑪ 개업공인중개사가 조직한 사업자단체 또는 그 구성원인 개업공인중개사가 「독점규제 및 공정거래에 관한 법률」을 위반하여 **시정조치 또는 과징금부과처분**을 최근 ②년 이내에 ②회 이상 받은 경우

✓암기법 상대적 등록취소사유

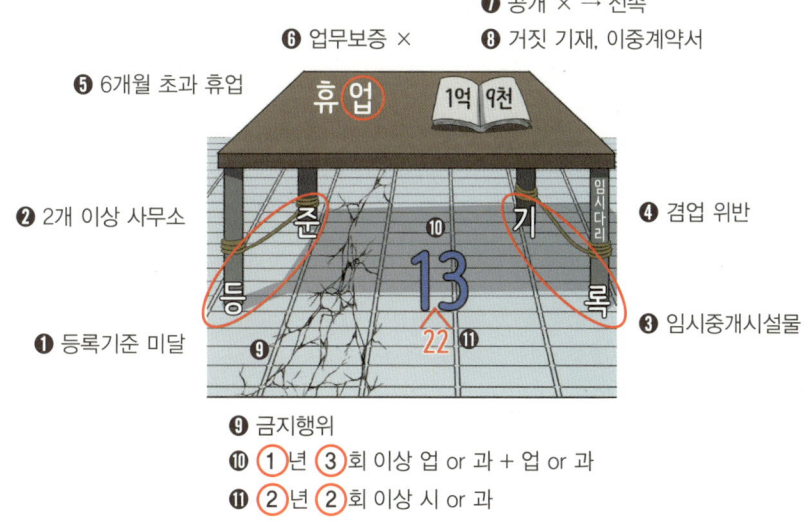

(3) 업무정지사유 ✓암기법

① 결격사유에 해당하는 자를 소속공인중개사 또는 중개보조원으로 둔 경우
  ※ 다만, 그 사유가 발생한 날부터 2개월 이내에 그 사유를 해소한 경우에는 그러하지 아니하다.
② 중개대상물 확인·설명서를 교부하지 아니하거나 3년간 보존하지 아니한 경우
③ 적정하게 거래계약서를 작성·교부하지 아니하거나 5년간 보존하지 아니한 경우
④ 중개대상물 확인·설명서에 서명 및 날인을 하지 아니한 경우
⑤ 거래계약서에 서명 및 날인을 하지 아니한 경우
⑥ 전속중개계약서에 의하지 아니하고 전속중개계약을 체결하거나 전속중개계약서를 3년간 보존하지 아니한 경우
⑦ 부동산거래정보망에 중개대상물에 관한 정보를 (거)짓으로 공개하거나 거래정보사업자에게 공개를 의뢰한 중개대상물의 거래가 완성된 사실을 해당 거래정보사업자에게 지체 없이 (통)보하지 아니한 경우
⑧ 인장등록을 하지 아니하거나 등록하지 아니한 인장을 사용한 경우
⑨ 개업공인중개사가 감독상 명령에 대하여 업무의 보고, 자료의 제출, 조사 또는 검사를 거부·방해 또는 기피하거나 그 밖의 명령을 이행하지 아니하거나 거짓으로 보고 또는 자료제출을 한 경우
⑩ (상)대적 등록취소사유에 해당하는 경우
⑪ (최)근 1년 이내에 이 법에 의하여 2회 이상 업무정지 또는 과태료의 처분을 받고 다시 과태료의 처분에 해당하는 행위를 한 경우
⑫ (기)타 이 법 또는 이 법에 의한 명령이나 처분에 위반한 경우
⑬ 개업공인중개사가 조직한 사업자단체 또는 그 구성원인 개업공인중개사가 「(독)점규제 및 공정거래에 관한 법률」을 위반하여 시정조치 또는 과징금부과처분을 받은 경우
⑭ (부)칙 제6조 제2항의 규정에 의한 개업공인중개사가 업무지역을 위반한 경우

✓ 암기법 업무정지사유

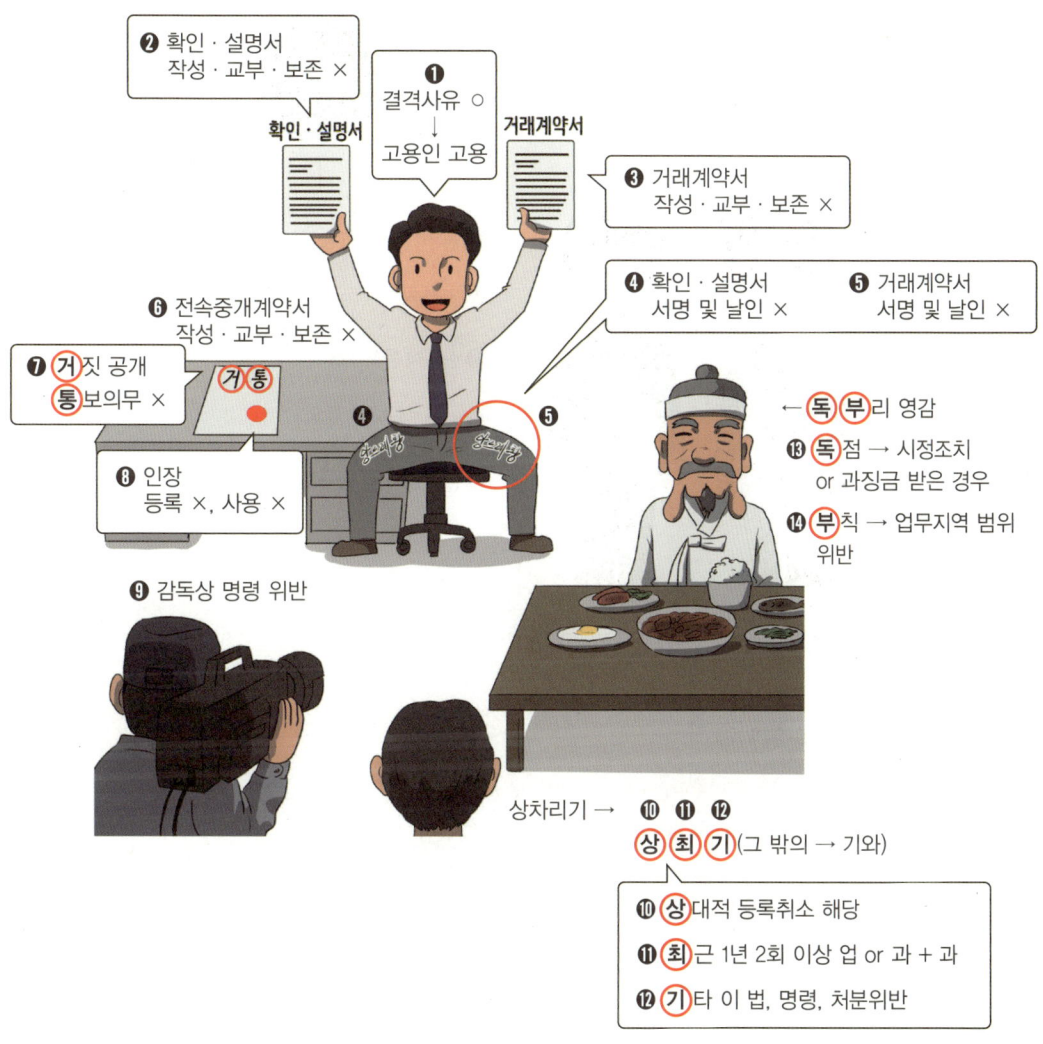

23 개업공인중개사에 대한 행정처분(등록취소, 업무정지)

✅ **암기법** 업무정지기간

❶ 결격사유에 해당하는 고용인 고용

❷ 거짓 공개

❸ 상대적 등록취소

❹ 시정조치 + 과징금 → 동시

❺ 1년 2회 이상 업 or 과 + 과

2 효과승계 및 위반행위승계

(1) ㉾과승계 → ㉾는 ㉒가 해야 한다. → ㉒는 1명(1년)이다.
    업무정지, 과태료의 효과는 그 ㉒분일로부터 1년간 승계된다.
(2) ㉻반행위승계 → ㉻ 옆에는 ㉥가 있다. (등록취소 → 3년, 업무정지 → 1년)
    등록취소의 경우 ㉥업기간이 3년을 초과한 경우, 업무정지의 경우 ㉥업기간이 1년을 초과한 경우 처분을 할 수 없다.

✅ **암기법** 업무정지 관련 내용

❶ 결격사유(6개월) → 폐업에도 불구 → 진행 O

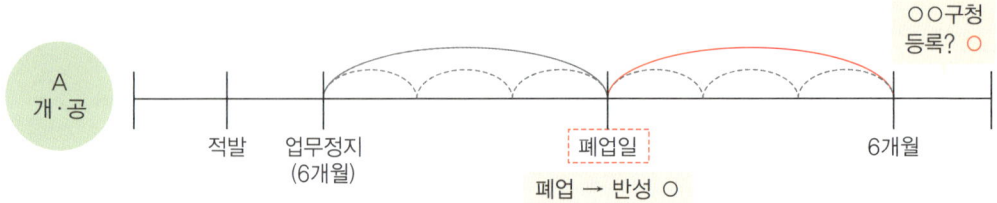

❷ 효과승계(업무정지, 과태료)

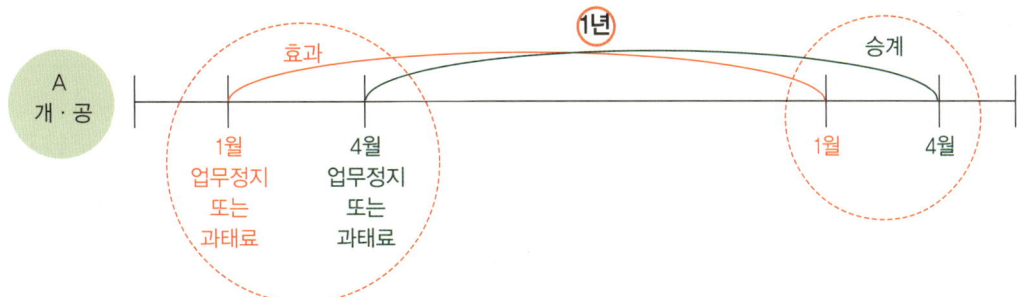

❸ 위반행위 승계
  ㉠ 등록취소

  ㉡ 업무정지

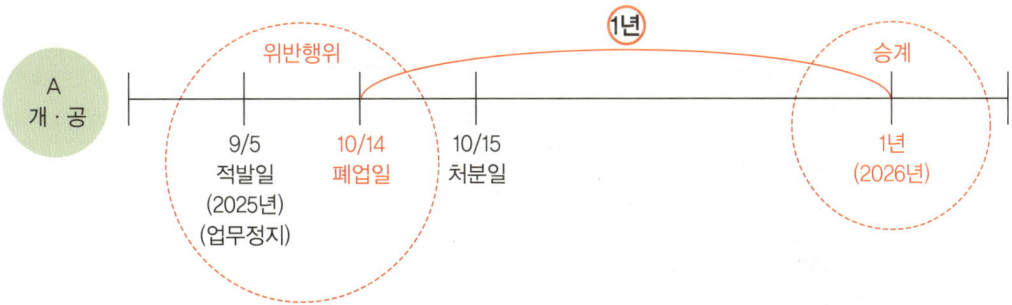

❹ 제척기간(3년) → 사유 발생 → 3년 경과 → 처분 ×

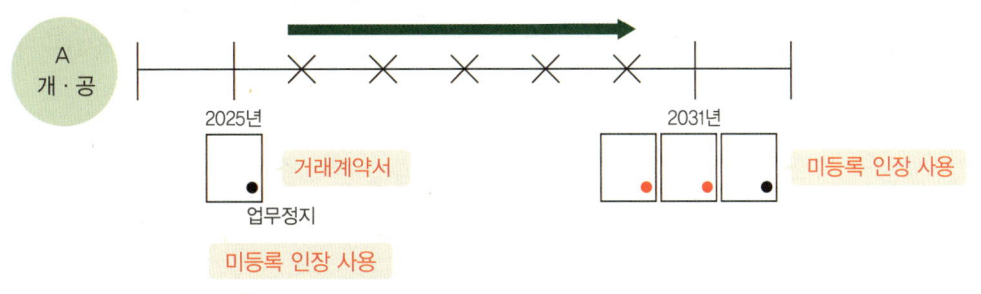

POINT 24 자격취소, 자격정지, 지정취소

1 공인중개사에 대한 행정처분

(1) 자격취소사유 ✓암기법

① 다른 사람에게 자기의 **성명을 사용**하여 중개업무를 하게 하거나 공인중개사**자격증을 양**도 또는 대여한 경우
② **부정**한 방법으로 공인중개사의 자격을 **취득**한 경우
③ **자격정지**기간 중에 중개업무를 수행하거나 다른 개업공인중개사의 소속공인중개사 · 중개보조원 또는 법인인 개업공인중개사의 사원 · 임원이 된 경우
④ 「공인중개사법」 또는 공인중개사의 직무와 관련하여 형법규정을 위반하여 **금고** 이상형(집행유예를 포함한다)을 선고받은 경우

※ 형법규정 적용 내용

㉠ 제114조(범죄단체 등의 조직)	㉣ 제347조(사기)
㉡ 제231조(사문서 등의 위조 · 변조)	㉤ 제355조(횡령 · 배임)
㉢ 제234조(위조 사문서 등의 행사)	㉥ 제356조(업무상의 횡령과 배임)

✓**암기법** 자격취소사유

❶ 자격증 **양**도 · 대여
❷ **부정**한 방법 자격증 취득
❸ 자격정지기간 중
  ㉠ 중개업무
  ㉡ 이중소속
❹ 이 법 또는 형법규정을 위반하여 **금고** 이상형

> **✓ 암기법** 자격취소 & 자격정지절차

자격취소(7일 이내 자격증 반납)
자격취㋛ → ⑤일 이내 통보

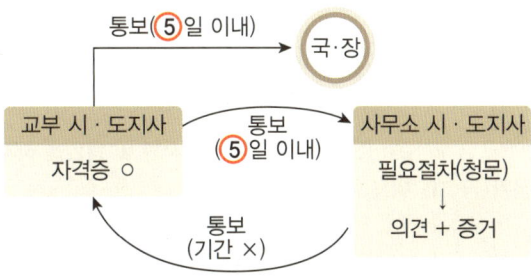

자격정지(자격증 반납 ×)
자격정㊅ → ㊅체 없이 통보

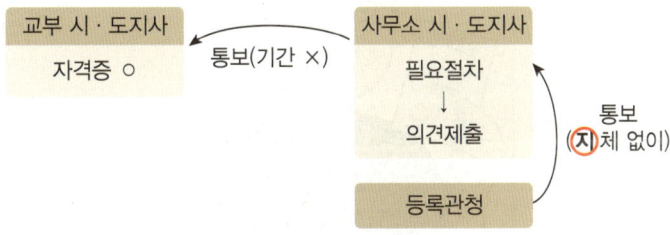

(2) 자격정지사유 ✓암기법

① 둘 이상의 중개사무소에 소속한 경우
② 거래계약서에 거래금액 등 거래내용을 거짓으로 기재하거나 서로 다른 둘 이상의 거래계약서를 작성한 경우
③ 인장등록을 하지 아니하거나 등록하지 아니한 인장을 사용한 경우
④ 중개대상물에 대한 확인·설명을 함에 있어 성실·정확하게 확인·설명을 하지 아니하거나 설명의 근거자료를 제시하지 아니하고 설명한 경우
⑤ 해당 중개업무를 수행하였음에도 중개가 완성된 때 중개대상물 확인·설명서에 서명 및 날인을 하지 아니한 경우
⑥ 해당 중개업무를 수행하였음에도 중개가 완성된 때 거래계약서에 서명 및 날인을 하지 아니한 경우
⑦ 법 제33조 제1항 각 호에 규정된 ㉮지행위를 한 경우

✓암기법 자격정지사유

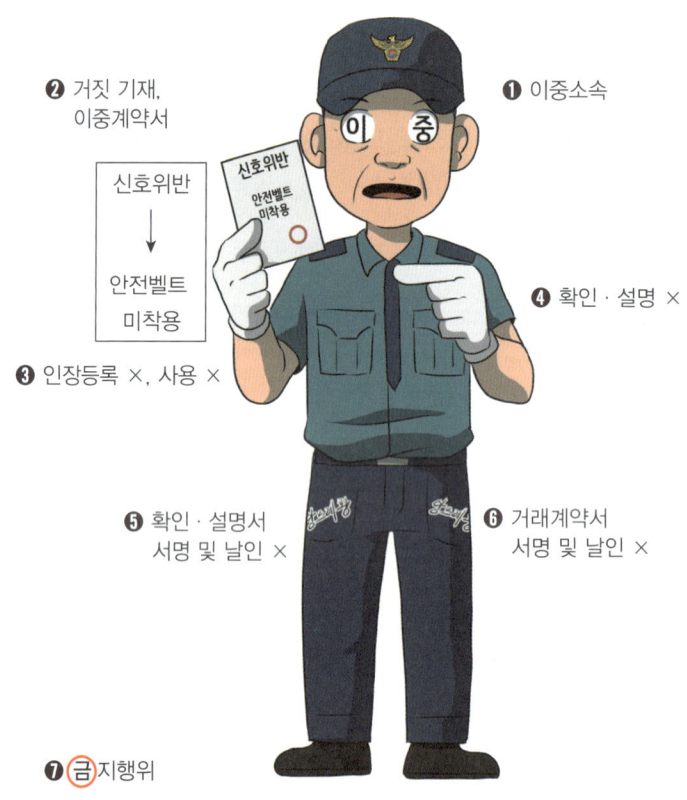

> ✓ **암기법** 자격정지기간

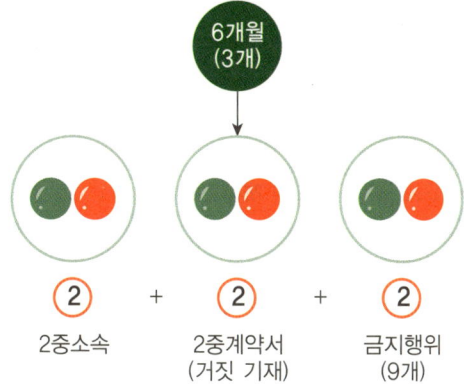

② 2중소속 + ② 2중계약서(거짓 기재) + ② 금지행위(9개)

6개월 (3개)

2 거래정보사업자에 대한 행정처분(지정취소) → 거, 운, 의, 정, 계

① **거**짓이나 그 밖의 부정한 방법으로 **지정**을 받은 경우
② 거래정보사업자로 지정을 받은 자가 운영규정의 승인 또는 변경승인을 받지 아니하거나 **운**영규정에 위반하여 부동산거래정보망을 운영한 경우
③ 거래정보사업자가 개업공인중개사로부터 공개를 의뢰받은 중개대상물의 정보에 한하여 이를 부동산거래정보망에 공개하지 아니하거나, **의**뢰받은 내용과 다르게 **정보를 공개**하거나 어떠한 방법으로든지 개업공인중개사에 따라 정보를 차별적으로 공개한 경우
④ **정**당한 사유 없이 지정받은 날부터 **1년 이내**에 부동산거래정보망을 **설치·운영하지 아니한 경우**
⑤ 개인인 거래정보사업자의 사망 또는 법인인 거래정보사업자의 **해산** 그 밖의 사유로 부동산거래정보망의 **계**속적인 운영이 불가능한 경우(청문대상 X)

→ 거래정보사업자 대표인 거 운 씨 의 정 계 진출 때문에 지정이 취소될 수도 있다.

POINT 25 행정형벌

1 3년 이하의 징역 또는 3천만원 이하의 벌금 ✓암기법

① 무등록중개업자
② 거짓이나 그 밖의 부정한 방법으로 중개사무소의 개설등록을 한 자
③ 양도·알선 등이 금지된 부동산의 분양·임대 등과 관련 있는 증서 등의 매매·교환 등을 중개하거나 그 증서의 매매를 업으로 하는 행위
④ 탈세 등 관계 법령을 위반할 목적으로 소유권보존등기 또는 이전등기를 하지 아니한 부동산이나, 관계 법령의 규정에 의하여 전매 등 권리의 변동이 제한된 부동산의 매매를 중개하는 등 부동산투기를 조장하는 행위
⑤ 중개의뢰인과 직접거래를 하거나, 거래당사자 쌍방을 대리하는 행위
⑥ 중개대상물의 시세에 부당한 영향을 주거나 줄 우려가 있는 행위
⑦ 단체를 구성하여 특정 중개대상물에 대하여 중개를 제한하거나 공동중개를 제한하는 행위
⑧ 안내문, 온라인 커뮤니티 등을 이용하여 특정 개업공인중개사등에 대한 중개의뢰를 제한하거나 제한을 유도하는 행위
⑨ 안내문, 온라인 커뮤니티 등을 이용하여 중개대상물에 대하여 시세보다 현저히 높게 표시·광고 또는 중개하는 특정 개업공인중개사등에게만 중개의뢰를 하도록 유도함으로써 다른 개업공인중개사등을 부당하게 차별하는 행위
⑩ 안내문, 온라인 커뮤니티 등을 이용하여 특정 가격 이하로 중개를 의뢰하지 아니하도록 유도하는 행위
⑪ 정당한 사유 없이 개업공인중개사등의 중개대상물에 대한 정당한 표시·광고 행위를 방해하는 행위
⑫ 개업공인중개사등에게 중개대상물을 시세보다 현저히 높게 표시·광고하도록 강요하거나 대가를 약속하고 시세보다 현저히 높게 표시·광고하도록 유도하는 행위

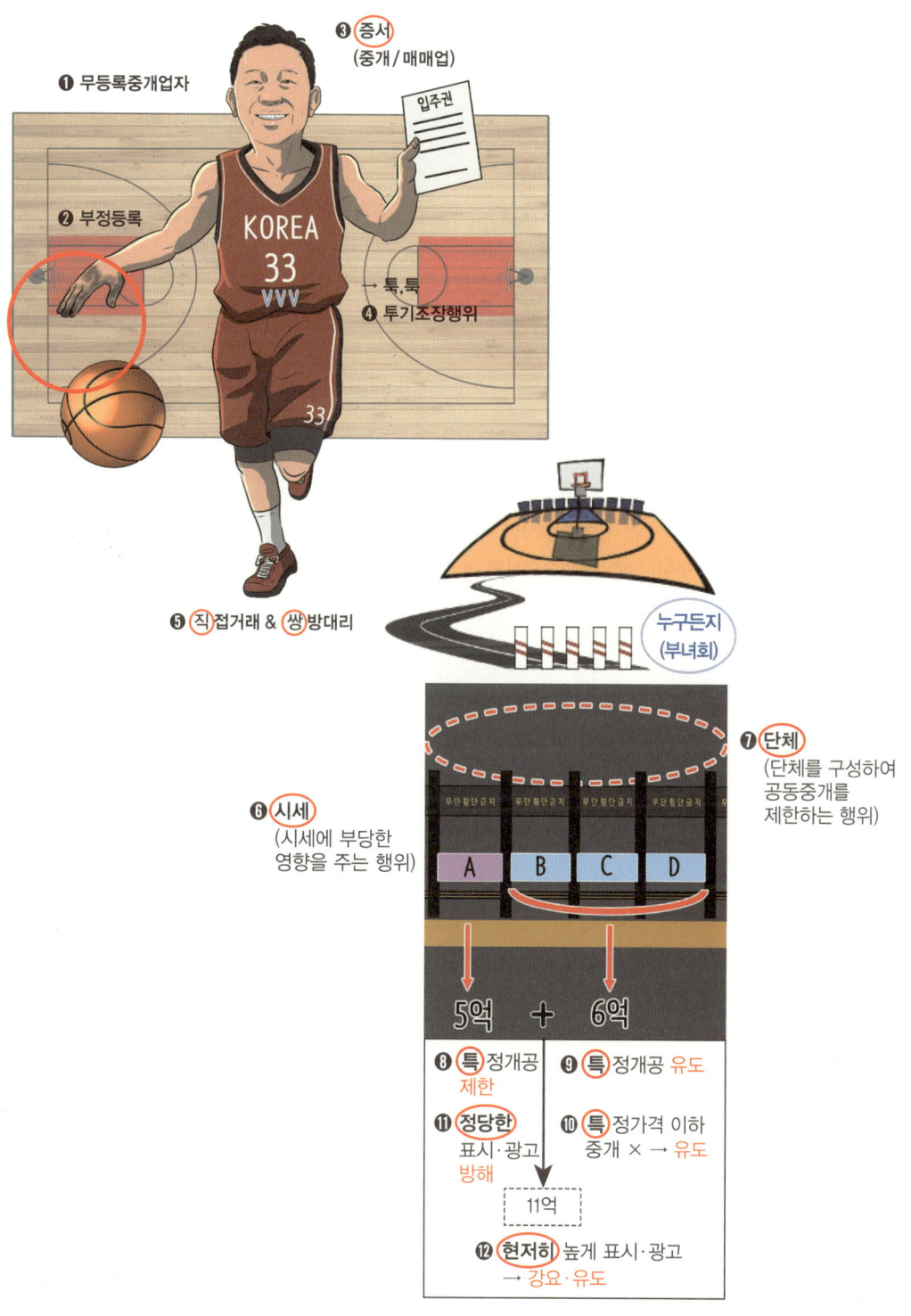

2 1년 이하의 징역 또는 1천만원 이하의 벌금 ✓암기법

① **둘 이상의 중개사무소**를 둔 경우
② 천막 등 **임시중개시설물**을 설치한 개업공인중개사
③ 다른 사람에게 자기의 **성명 또는 상호를 사용하여 중개업무**를 하게 하거나 중개사무소등록증을 다른 사람에게 **양도·대여**한 개업공인중개사 및 개업공인중개사의 성명·상호를 사용하여 중개업무를 하거나 중개사무소등록증을 양수·대여받은 자
④ 누구든지 위 ③에서 금지한 행위를 알선한 자
⑤ 다른 사람에게 자기의 **성명을 사용하여 중개업무**를 하게 하거나 공인중개사**자격증을 양도·대여**한 공인중개사 및 다른 사람의 공인중개사자격증을 양수·대여받은 자
⑥ 누구든지 위 ⑤에서 금지한 행위를 알선한 자
⑦ 해당 중개대상물의 거래상의 중요사항에 관하여 **거짓된 언행** 기타의 방법으로 중개의뢰인의 판단을 그르치게 한 자
⑧ **이중등록**(이중으로 중개사무소의 개설등록을 한 자), **이중소속**(둘 이상의 중개사무소에 소속된 개업공인중개사등)
⑨ 중개대상물의 **매매를 업**으로 한 자
⑩ 법정중개보수 또는 실비를 **초과**하여 금품을 받은 자
⑪ **무**등록중개업자인 사실을 **알면서** 그를 통하여 중개를 의뢰받거나 그에게 자기의 **명**의를 이용하게 한 자
⑫ 업무상 알게 된 **비밀**을 누설한 개업공인중개사등
⑬ 개업공인중개사로부터 공개를 의뢰받은 중개대상물의 정보에 한하여 이를 부동산거래정보망에 공개하여야 하며, 의뢰받은 내용과 **다**르게 정보를 공개하거나 어떠한 방법으로든지 개업공인중개사에 따라 정보가 **차**별적으로 공개되도록 하여서는 아니된다는 규정을 위반하여 정보를 공개한 거래정보사업자
⑭ 개업공인중개사가 아닌 자로서 중개업을 하기 위하여 중개대상물에 대한 표시·광고를 한 경우
⑮ 공인중개사가 아닌 자로서 공인중개사 또는 이와 유사한 명칭을 사용한 경우
⑯ 개업공인중개사 아닌 자로서 '공인중개사사무소', '부동산중개' 또는 이와 유사한 명칭을 사용한 경우
⑰ 개업공인중개사가 개업공인중개사와 소속공인중개사를 합한 수의 5배를 초과하여 중개보조원을 고용한 경우

POINT 26 행정질서벌

1 500만원 이하의 과태료 ✓암기법

(1) 개업공인중개사(부당한 표시 · 광고행위)
① 중개대상물이 존재하지 않아서 실제로 거래를 할 수 없는 중개대상물에 대한 표시 · 광고를 한 경우
② 중개대상물의 가격 등 내용을 사실과 다르게 거짓으로 표시 · 광고하거나 사실을 과장되게 하는 표시 · 광고를 한 경우
③ 그 밖에 표시 · 광고의 내용이 부동산거래질서를 해치거나 중개의뢰인에게 피해를 줄 우려가 있는 것으로서 대통령령으로 정하는 내용의 표시 · 광고를 한 경우 등

(2) 개업공인중개사
확인 · 설명을 하지 아니하거나 설명의 근거자료를 제시하지 아니한 경우

(3) 정보통신서비스 제공자(자, 필)
① 자료의 제출을 요구받은 정보통신서비스 제공자가 정당한 사유 없이 요구에 따르지 아니하여 관련 자료를 제출하지 아니한 경우
② 필요한 조치를 요구받은 정보통신서비스 제공자가 정당한 사유 없이 요구에 따르지 아니하여 필요한 조치를 하지 아니한 경우

(4) 개업공인중개사, 소속공인중개사
정당한 사유 없이 실무교육을 받은 후 2년마다 연수교육을 받지 아니한 경우

(5) 개업공인중개사, 중개보조원
중개의뢰인에게 본인이 중개보조원이라는 사실을 미리 알리지 아니한 사람 및 그가 소속된 개업공인중개사인 경우. 다만, 개업공인중개사가 그 위반행위를 방지하기 위하여 해당 업무에 관하여 상당한 주의와 감독을 게을리하지 아니한 경우는 제외

(6) 거래정보사업자(운, 감)
① 운영규정의 승인 또는 변경승인을 얻지 아니하거나 운영규정의 내용을 위반하여 부동산거래정보망을 운영한 경우
② 감독상 명령을 위반한 경우

(7) 공인중개사협회(운, 감, 시, 개, 공)
① 공제사업의 운용실적을 매 회계연도 종료 후 3개월 이내에 공시하지 아니한 경우
② 감독상 명령 등을 위반한 경우
③ 시정명령을 이행하지 아니한 경우
④ 개선명령을 이행하지 아니한 경우
⑤ 공제사업에 관한 조사 또는 검사에 관한 규정을 위반한 경우

> ✓ 암기법 500만원 이하의 과태료사유

2 100만원 이하의 과태료 ✓ 암기법

① 사무소 명칭에 '공인중개사사무소', '부동산중개'라는 문자를 사용하지 아니한 자 또는 옥외광고물에 성명을 표기하지 아니하거나 거짓으로 표기한 자
② 휴업신고, 폐업신고, 휴업한 중개업의 재개 또는 휴업기간의 변경신고를 미리 하지 아니한 개업공인중개사
③ 중개사무소를 이전한 후 법정기한 내에 이전신고를 하지 아니한 개업공인중개사
④ 중개대상물의 중개에 관한 표시·광고를 하면서 개업공인중개사의 성명(법인인 경우에는 대표자의 성명), 중개사무소의 명칭, 소재지 및 연락처를 표시하지 아니하거나 중개보조원에 관한 사항을 명시한 개업공인중개사
⑤ 중개가 완성된 경우 손해배상책임을 보장하는 조치(업무보증)에 관한 사항을 거래당사자에게 설명하지 아니하거나 보증관계 증서의 사본이나 관계증서에 관한 전자문서를 교부·제공하지 아니한 개업공인중개사
⑥ 자격취소 후 7일 이내에 공인중개사 ㉠격증을 반납하지 아니하거나 공인중개사자격증을 반납할 수 없는 그 사유서를 제출하지 아니하거나 거짓으로 반납할 수 없는 사유서를 제출한 자
⑦ 중개사무소에 법정 ㉢시서류를 게시하지 아니한 개업공인중개사
⑧ 등록취소 후 7일 이내에 중개사무소 ㉣록증을 반납하지 아니한 자
⑨ 사무소의 명칭에 '공인중개사사무소'라는 문자를 사용한 법 부칙 제6조 제2항에 규정된 개업공인중개사
⑩ 개업공인중개사가 인터넷을 이용하여 중개대상물에 대한 표시·광고를 하는 때에는 중개대상물의 종류별로 소재지, 면적, 가격 등의 사항을 명시하여야 한다는 규정을 위반하여 표시·광고한 경우

✓ 암기법 100만원 이하의 과태료사유

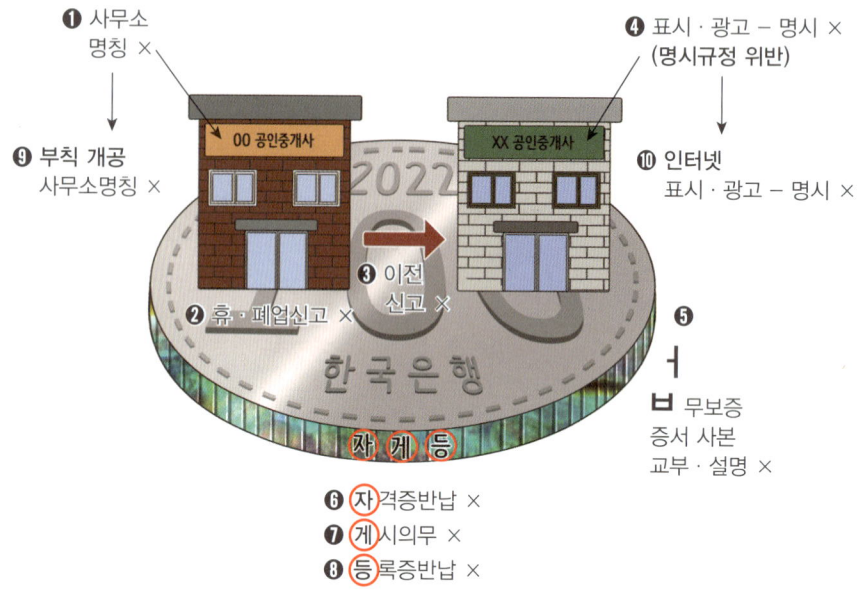

3 행정벌 대상자, 처분기관

구분	종류	대상자	처분기관	성격
행정형벌	3년 이하 징역 또는 3천만원 이하 벌금	개업공인중개사등, 무등록중개업자, 거래정보사업자, 공인중개사, 일반인	법원	재량
	1년 이하 징역 또는 1천만원 이하 벌금			
행정질서벌	500만원 이하 과태료	거래정보사업자, 협회, 정보통신서비스 제공자	국토교통부장관	재량
		개업공인중개사, 소속공인중개사 (연수교육의무 위반)	시 · 도지사	
		개업공인중개사, 중개보조원 (고지의무위반)	등록관청	
		개업공인중개사(확인 · 설명의무 위반)	등록관청	
	100만원 이하 과태료	공인중개사(자격증 반납 위반)	시 · 도지사	
		개업공인중개사 (등록증 반납 위반 등)	등록관청	

4 지체 없이 통보하는 경우 ✓암기법

① ㉘정행위자 통보: 시험시행기관장이 다른 시험시행기관장에게 **지체 없이** 통보
② ㉘록증 교부: 신청 후 7일 이내 통지하고 **지체 없이** 교부
③ ㉘사무소 설치 통보: 주사무소 관청은 분사무소 관청에 **지체 없이** 통보
④ ㉘사무소 이전 통보: 주사무소 관청은 이전 전·후 등록관청에 **지체 없이** 통보
⑤ ㉘무소 이전 시 서류송부: 이전 후 등록관청에서 요청하면 **지체 없이** 서류송부
⑥ ㉘속중개계약 시 공개내용 통지: 정보공개한 때에는 의뢰인에게 **지체 없이** 문서로 통지
⑦ ㉘속중개계약 시 거래완성 사실 통보: 개업공인중개사는 거래정보사업자에게 **지체 없이** 통보
⑧ ㉘격정지 사실 통보: 등록관청은 그 사실을 시·도지사에게 **지체 없이** 통보
⑨ ㉘회의결 보고: 협회는 총회의결사항을 국토교통부장관에게 **지체 없이** 보고
⑩ ㉘판철거: 이전신고, 폐업신고, 등록취소처분을 받은 경우 **지체 없이** 철거
⑪ ㉘·폐업 신고: 등록관청은 「부가가치세법」상 신고서를 **지체 없이** 세무서장에게 송부

✓암기법 지체 없이 통보하는 경우

POINT 27 | 부동산 거래신고

1 부동산 거래신고

구분	내용
부동산 거래신고 대상인 계약	① 부동산의 **매매계약** ② 「택지개발촉진법」, 「주택법」 등에 따른 공급계약 ③ 「택지개발촉진법」, 「주택법」 등에 따른 부동산에 대한 공급계약을 통하여 부동산을 **공급받는 자로 선정된 지위** ④ 「도시 및 주거환경정비법」에 따른 관리처분계획의 인가 및 「빈집 및 소규모주택 정비에 관한 특례법」에 따른 사업시행계획인가로 취득한 **입주자로 선정된 지위**
부동산 거래신고사항	① 거래당사자의 인적사항 ② 계약체결일, 중도금 지급일 및 잔금지급일 ③ 부동산 등의 소재지, 지번, 지목 및 면적 ④ 부동산 등의 종류 ⑤ 실제거래가격 ⑥ 조건이나 기한이 있는 경우 그 조건 또는 기한 ⑦ 위탁관리인의 인적사항 ⑧ 개업공인중개사의 인적사항, 상호, 전화번호, 소재지
신고의무자	① 직거래 시: 거래당사자 공동 ② 개업공인중개사 중개 시: 개업공인중개사
신고기한	계약체결일부터 30일 이내
신고관청	부동산 소재지 시·군·구청장
신고필증 교부	검인을 받은 것으로 본다.
✔암기법 **정정신청**	신고필증에 신고내용이 잘못 기재된 경우(**원시적 요인**) ① 거래당사자의 주소, 전화번호 또는 휴대전화번호 ② 거래지분비율 ③ 개업공인중개사의 전화번호, 상호 또는 사무소 소재지 ④ 거래대상 **건축물의 종류** ⑤ 거래대상 부동산 등의 ㉦목·㉰적·거래지분 및 대지권비율 ※ 주소·전화번호 또는 휴대전화번호는 일방이 단독으로 서명 또는 날인하여 정정신청할 수 있다.
✔암기법 **변경신고**	신고내용이 변경된 경우(**후발적 요인**) ㉠ 거래지분비율 ㉡ 거래지분 ㉢ 거래가격 　※ 거래가격 중 분양가격 및 선택품목은 일방이 단독으로 변경신고할 수 있다. ㉣ 거래대상 부동산 등의 면적 ㉤ 중도금, 잔금 및 지급일 ㉥ 계약의 조건 또는 기한

	㉠ **매**수인의 변경(일부가 제외되는 경우) ㉡ **부**동산 등의 변경(일부가 제외되는 경우) ㉢ 위탁관리인의 성명, 주민등록번호, 주소 및 전화번호(휴대전화번호 포함)
해제등 신고	① 거래당사자는 거래계약이 무효·취소·해제된 경우 30일 이내에 신고관청에 공동으로 신고하여야 한다. ② 개업공인중개사가 거래계약서를 작성·교부하여 신고를 한 경우 30일 이내에 해제등의 신고를 할 수 있다.

✔암기법 정정신청사항, 변경신고사항

✔암기법 부동산 거래신고내용 조사절차

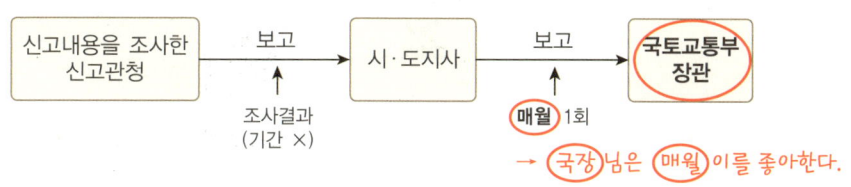

27 부동산 거래신고

2 자금 조달 · 입주계획서 및 증빙자료 ✓암기법

(1) 주택 – 자금 조달 및 입주계획서

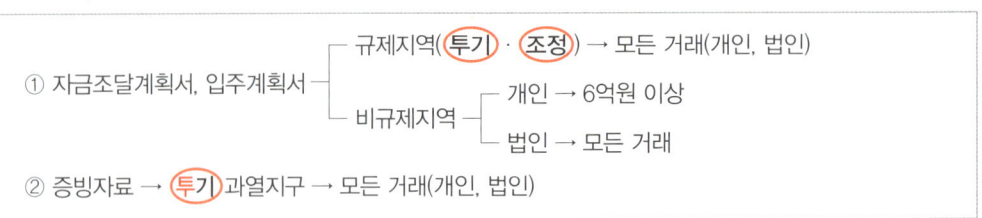

(2) 토지 – 자금 조달 및 토지이용계획서

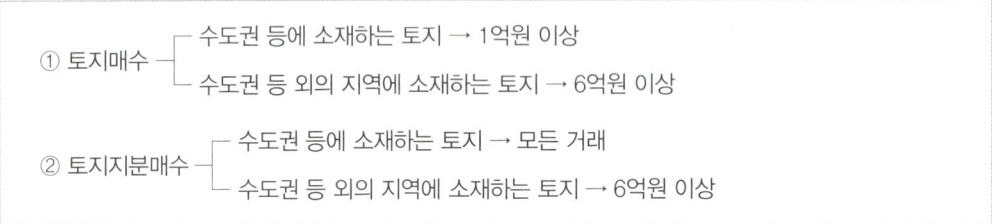

✓암기법 자금 조달 · 입주계획서 및 증빙자료

❶ 자금 조달·입주계획서

규 제 → 투기 조정 → 모든 거래(개인, 법인)
비규제 → 투기 조정 ┌ 개인 → 6억원 이상
                   └ 법인 → 모든 거래

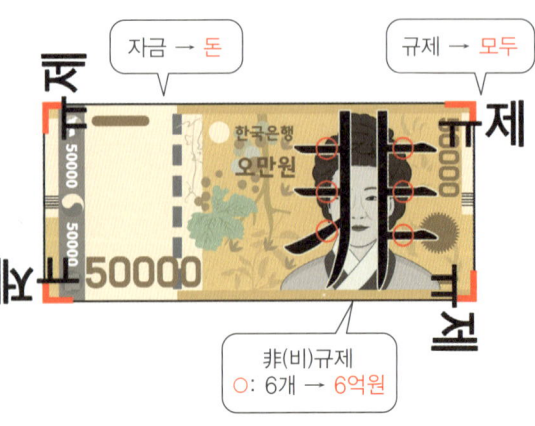

자금 → 돈
규제 → 모두
非(비)규제
○ : 6개 → 6억원

❷ 증빙자료

투기 조정 → 모든 거래(개인, 법인)

증빙자료 → 납세증명서

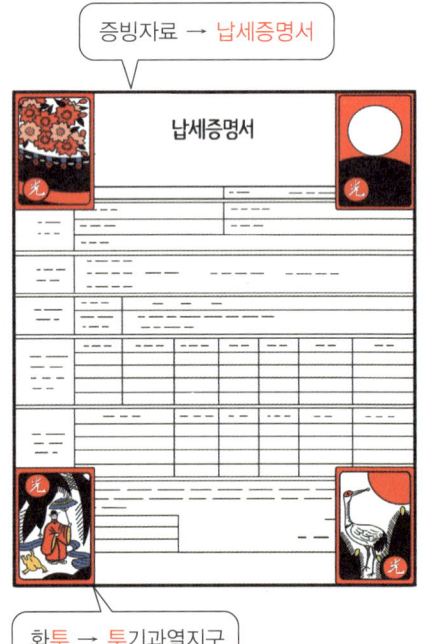

화투 → 투기과열지구

POINT 28 주택임대차계약의 신고

구분	주택임대차계약 신고내용
신고대상	① 보증금이 **6천만원 초과**하거나 월차임이 **30만원 초과**하는 경우 ② 계약을 갱신하는 경우로서 보증금 및 차임의 증감 없이 임대차기간만 연장하는 계약은 제외한다.
신고의무자 및 신고기간	① 계약체결일부터 **30일 이내**에 공동으로 신고하여야 한다. ② 일방이 국가등인 경우에는 국가등이 신고하여야 한다.
✓암기법 주택임대차계약 신고사항	① 임대차 목적물 ② 보증금 또는 월차임 ③ 계약기간 ④ 계약갱신요구권의 행사 여부(계약을 갱신한 경우만 해당한다) ⑤ 계약체결일 ⑥ 임대차당사자의 인적사항 ⑦ 해당 주택임대차계약을 중개한 개업공인중개사의 사무소 명칭, 사무소 소재지, 대표자 성명, 등록번호, 전화번호 및 소속공인중개사 성명
신고대상지역	**특별자치시·특별자치도·시·군**(광역시 및 경기도의 관할구역에 있는 군으로 한정한다)**·구**(자치구를 말한다)
✓암기법 공동신고 의제	일방이 임대차신고서에 단독으로 서명 또는 날인한 후 다음의 서류를 첨부해 신고관청에 제출한 경우에는 공동으로 신고서를 제출한 것으로 본다. ① 주택임대차 **계약서**(계약서를 작성한 경우) ② **입**금증, 주택임대차계약과 관련된 금전거래내역이 적힌 통장사본 등 주택임대차계약 체결 사실을 입증할 수 있는 서류 등(계약서를 작성하지 않은 경우) ③ 계약 **갱**신요구권을 행사한 경우 이를 확인할 수 있는 서류 등
권한의 위임	지방자치단체의 조례로 정하는 바에 따라 **읍·면·동장 또는 출장소장**에게 위임할 수 있다.
변경 또는 해제신고	임대차계약의 당사자는 주택임대차계약변경신고서 또는 주택임대차계약해제신고서에 공동으로 서명 또는 날인하여 **신고관청에 제출해야 한다.**
정정신청	임대차계약당사자는 주택임대차계약 신고사항 또는 주택임대차계약 변경신고의 내용이 잘못 적힌 경우에는 신고관청에 신고내용의 **정정을 신청할 수 있다.**
준용규정	① 부동산거래신고의 **금지행위**규정을 준용한다. ② 부동산거래신고내용의 **검증**규정을 준용한다. ③ 부동산거래신고내용의 **조사** 등에 관한 규정을 준용한다.
✓암기법 다른 법률에 따른 신고 등의 의제사항	① **전**입신고를 한 경우 **주**택임대차계약신고를 한 것으로 본다. ② **주**택임대차계약의 신고, 주택임대차계약의 변경 및 해제에 따른 신고에 대한 접수를 완료한 때에는 **확정**일자를 부여한 것으로 본다. ③ 「**공**공주택 특별법」, 「**민**간임대주택에 관한 특별법」상 **주**택임대차계약의 신고 또는 변경신고를 한 경우 이 법에 따른 **주**택임대차계약의 신고 또는 변경신고를 한 것으로 본다.

✓ 암기법 주택임대차계약 신고사항

✓ 암기법 공동신고 의제

✓ 암기법   다른 법률에 따른 신고 등의 의제사항

㉠입신고 —의제 ○→ ㈜택임대차계약신고 —의제 ○→ ㉭정일자부여

㉠㈜여행
㉭정 일자

㈂㈕㈜宙(집㈜)

「㈂공주택 특별법」에 따른 '공공주택사업자'
「㈕간임대주택에 관한 특별법」에 따른 '임대사업자'
㈜택임대차계약신고 → 이 법에 따른
㈜(宙: 집 주)택임대차계약신고 의제

POINT 29 외국인등의 부동산 취득 · 보유신고

구분		내용
적용		외국인등이 대한민국 안의 부동산 등을 취득하는 계약을 체결한 경우 ① 일반부동산취득: 시 · 군 · 구청장에게 사후신고 ② 허가대상 중요 토지: 시 · 군 · 구청장의 사전허가 필요
신고의무	계약	① 계약체결일로부터 60일 이내(부동산 거래신고를 한 경우는 제외한다) ② 위반: 300만원 이하 과태료
	계약 외	① 취득일로부터 6개월 이내(건축물의 신축 · 증축 · 개축 · 재축을 포함한다) ② 위반: 100만원 이하 과태료
	국적변경	① 외국인으로 국적을 변경하여 계속 보유 시: 국적변경된 날부터 6개월 이내 ② 위반: 100만원 이하 과태료
✓암기법 허가의무		① 계약체결 전에 시 · 군 · 구청장의 허가 필요: 시 · 군 · 구청장은 15일 이내 허가 또는 불허가 처분 ② 허가대상 토지 　㉠ 군사기지 및 군사시설보호구역 등 국방목적을 위한 토지 　㉡ 지정문화유산과 보호물 또는 보호구역 　㉢ 생태 · 경관보전지역 토지 　㉣ 야생생물특별보호구역 토지 　㉤ 「자연유산의 보존 및 활용에 관한 법률」에 따른 천연기념물 · 명승 및 시 · 도 자연유산과 이를 위한 보호물 또는 보호구역 ③ 신고관청은 신청서를 받은 날부터 다음의 구분에 따른 기간 안에 허가 또는 불허가처분을 하여야 한다. 　㉠ 「군사기지 및 군사시설 보호법」에 따른 군사기지 및 군사시설보호구역: 30일 　㉡ 이외 지역: 15일 ④ 위반: 계약무효 + 2년 이하의 징역 또는 2천만원 이하의 벌금

✓암기법 외국인등의 토지거래허가 구역·지역

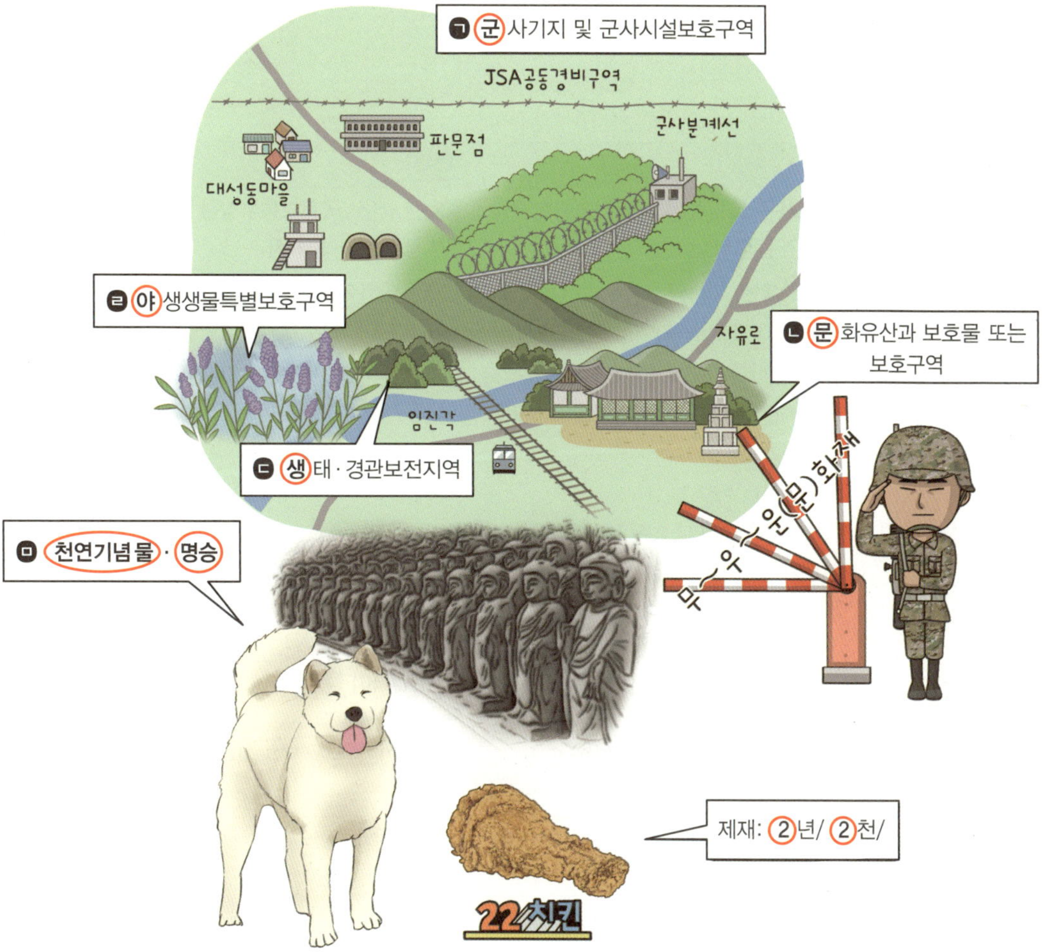

- ㉠ **군**사기지 및 군사시설보호구역
- ㉡ **문**화유산과 보호물 또는 보호구역
- ㉢ **생**태·경관보전지역
- ㉣ **야**생생물특별보호구역
- ㉤ **천연기념물**·**명승**

제재: ②년 / ②천 /

✓암기법 외국인 등의 신고절차

신고관청 →(제출, 매분기, 종료일부터 1개월 이내)→ 시·도지사 →(제출, 1개월 이내)→ 국토교통부장관

단, 특별자치시장은 직접 국토교통부장관에게 제출하여야 한다.

POINT 30 토지거래허가구역 등

1 토지거래허가구역

✓암기법

구분	내용
지정권자	① 허가구역이 둘 이상 시·도 관할구역에 걸치는 경우: **국토교통부장관** ② 허가구역이 동일한 시·도 안의 일부지역인 경우: **시·도지사**
허가구역 내 토지거래허가	① ㉠**소**유권, 지상권 ② ㉡**유**상계약 ③ ㉢**기**준면적 초과토지 ④ 허가**대**상자, 허가대상**용**도, **지**목 등 → **소 유 기** 를 **대 용 지** 위에서 촬영 중이다.
이의신청	① 처분을 받은 날부터 **1개월 이내**에 시장·군수 또는 구청장에게 이의를 신청할 수 있다. ② **시·군·구 도시계획위원회의 심의**를 거쳐 그 결과를 알려야 한다.

선매	① 선매대상토지
	  ㉠ 공익사업용 토지
	  ㉡ 이용목적대로 이용하고 있지 아니한 토지
	② 허가신청이 있는 경우 **1개월** 이내에 선매자를 지정하여 알려야 한다.
	③ 선매자로 지정된 자는 **15일** 이내에 선매조건을 기재한 서면을 통지하여 선매협의를 하여야 한다.
	④ 선매가격은 **감정가격**을 기준으로 한다(신청서가격이 감정가격보다 낮은 경우 신청서가격 가능).
	⑤ 선매협의가 이루어지지 않은 경우 지체 없이 허가 또는 불허가 여부를 결정하여 통보하여야 한다.

✓암기법 **토지거래허가절차**

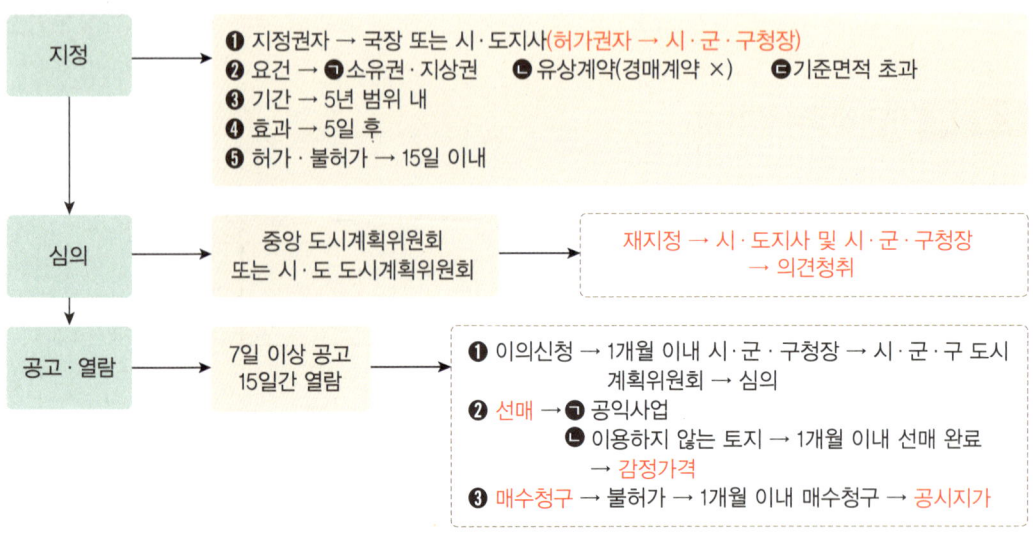

2 기준면적

① 「국토의 계획 및 이용에 관한 법률」에 따른 도시지역: 다음의 세부 용도지역별 구분에 따른 면적
  ㉠ 주거지역: 60㎡
  ㉡ 상업지역: 150㎡
  ㉢ 공업지역: 150㎡
  ㉣ 녹지지역: 200㎡
  ㉤ 위 ㉠부터 ㉣까지의 구분에 따른 용도지역의 지정이 없는 구역: 60㎡
② 도시지역 외의 지역: 250㎡. 다만, 농지(농지법에 따른 농지를 말한다)의 경우에는 500㎡로 하고, 임야의 경우에는 1,000㎡로 한다. ✔암기법

✔암기법 토지거래계약 기준면적(도시지역 외)

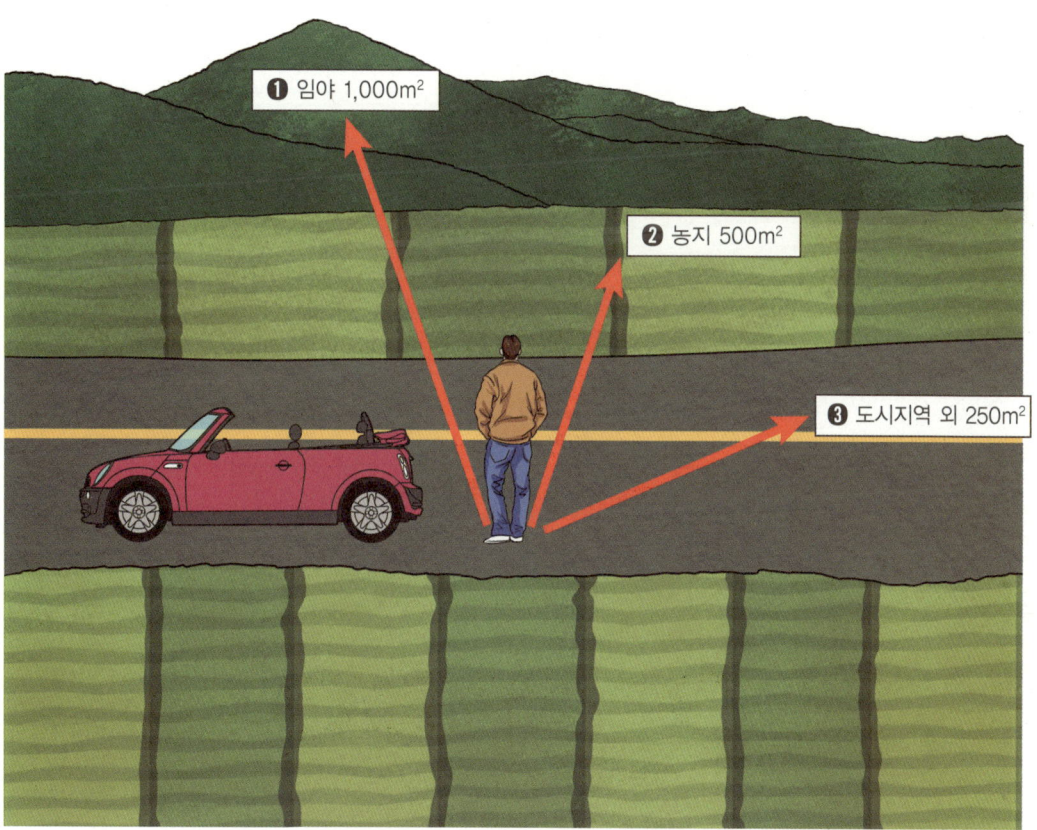

❶ 임야 1,000㎡
❷ 농지 500㎡
❸ 도시지역 외 250㎡

3 매수청구

구분	내용
✓암기법 매수청구	① 불허가처분을 받은 자는 **1개월** 이내에 매수청구가 가능하다. ② **공시지가**를 기준으로 매수하게 하여야 한다. ③ 매수청구를 받은 시장·군수 또는 구청장은 국가, 지방자치단체, 한국토지주택공사, 다음에서 정하는 공공기관 또는 공공단체 중에서 매수할 자를 지정한다. 　㉠「한국농수산식품유통공사법」에 따른 한국농수산식품유통공사 　㉡「대한석탄공사법」에 따른 대한석탄공사 　㉢「한국토지주택공사법」에 따른 한국토지주택공사 　㉣「한국관광공사법」에 따른 한국관광공사 　㉤「한국농어촌공사 및 농지관리기금법」에 따른 한국농어촌공사 　㉥「한국도로공사법」에 따른 한국도로공사 　㉦「한국석유공사법」에 따른 한국석유공사 　㉧「한국수자원공사법」에 따른 한국수자원공사 　㉨「한국전력공사법」에 따른 한국전력공사 　㉩「한국철도공사법」에 따른 한국철도공사

✓암기법 매수청구

4 허가목적대로 이용하여야 하는 기간

구분	내용

✓암기법
허가목적대로 이용하여야 하는 기간
	① 토지취득일부터 2년
	   ㉠ 자기의 거주용 주택용지
	   ㉡ 복지시설, 편익시설용지
	   ㉢ 농업·축산업·임업·어업을 경영하기 위해 필요한 경우
	   ㉣ 협의양도
	② 토지취득일부터 ④년: ㉠업시행
	③ 토지취득일부터 5년: 현상, 보존, 목적, 토지, 취득
	④ 이외 → 5년

이행강제금	토지취득가액의 100분의 10 범위에서 정하는 금액
	① 당초 목적대로 ㉠용하지 아니하고 방치한 경우: 100분의 ⑩ → 이 → 거꾸로 하면 ⑩
	② 직접 이용하지 아니하고 ㉠대한 경우: 100분의 ⑦
	   → ㉠선정 교수님 댁 강아지는 땡 ㉢이!
	③ 승인 없이 당초 이용목적을 ㉠경 하여 이용한 경우: 100분의 ⑤
	   → ㉠경은 ㄷ로 하자!
	④ 위 ①~③ 외의 경우: 100분의 7

✓암기법   허가목적대로 이용하여야 하는 기간

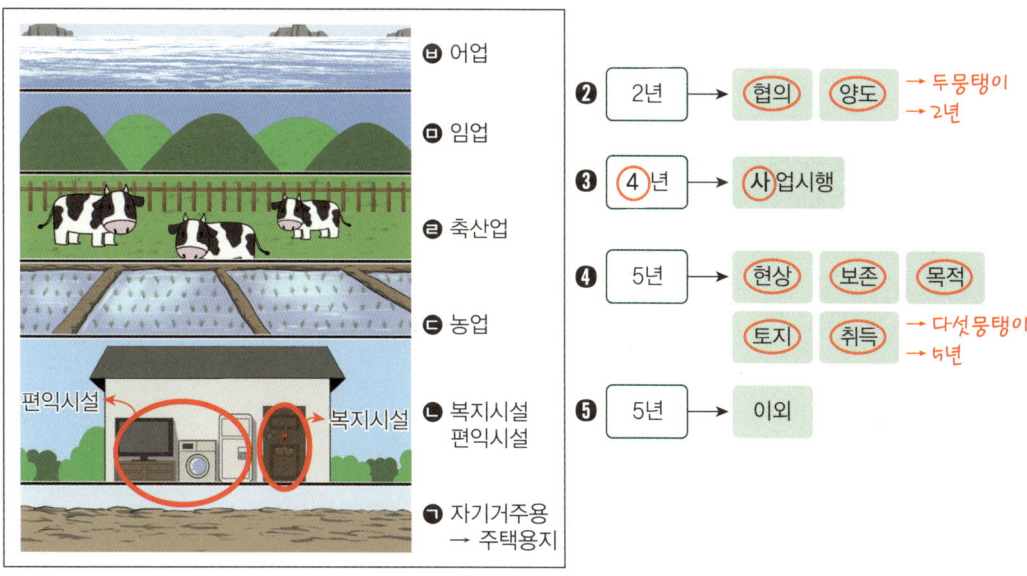

30 토지거래허가구역 등

5 신고포상금 비교정리

비고	「공인중개사법」상 포상금 ✓암기법	「부동산 거래신고 등에 관한 법률」상 포상금 ✓암기법
지급사유	① 무등록중개업자(폐업, 등록취소의 경우를 포함한다) ② 부정한 방법으로 등록한 자 ③ 등록증을 양도·대여하거나 양수·대여받은 자 ④ 자격증을 양도·대여하거나 양수·대여받은 자 ⑤ **개업공인중개사가 아닌 자로서 중개대상물에 대한 표시·광고를 한 자** ⑥ 부당한 이익을 얻거나 제3자에게 부당한 이익을 얻게 할 목적으로 거짓으로 거래가 완료된 것처럼 꾸미는 등 중개대상물의 시세에 부당한 영향을 주거나 줄 우려가 있는 행위를 한 자 ⑦ 단체를 구성하여 특정 중개대상물에 대하여 중개를 제한하거나 단체 구성원 이외의 자와 공동중개를 제한하는 행위를 한 자 ⑧ 안내문, 온라인 커뮤니티 등을 이용하여 특정 개업공인중개사등에 대한 중개의뢰를 제한하거나 제한을 유도하는 행위를 한 자 ⑨ 안내문, 온라인 커뮤니티 등을 이용하여 중개대상물에 대하여 시세보다 현저하게 높게 표시·광고 또는 중개하는 특정 개업공인중개사등에게만 중개의뢰를 하도록 유도함으로써 다른 개업공인중개사등을 부당하게 차별하는 행위를 한 자 ⑩ 안내문, 온라인 커뮤니티 등을 이용하여 특정 가격 이하로 중개를 의뢰하지 아니하도록 유도하는 행위를 한 자 ⑪ 정당한 사유 없이 개업공인중개사등의 중개대상물에 대한 정당한 표시·광고 행위를 방해하는 행위를 한 자 ⑫ 개업공인중개사등에게 중개대상물을 시세보다 현저하게 높게 표시·광고하도록 강요하거나 대가를 약속하고 시세보다 현저하게 높게 표시·광고하도록 유도하는 행위를 한 자	① 계약을 ⓒ결하지 아니하였음에도 불구하고 거짓으로 부동산 거래신고를 한 자 ② 계약이 ⓗ제등이 되지 아니하였음에도 불구하고 거짓으로 부동산거래의 해제등 신고를 한 자 ③ 부동산 등의 실제 거래가격을 **거짓으로 신고한 자**(신고의무자가 아닌 자가 거짓으로 신고를 한 경우를 포함한다) ④ 주택임대차계약신고, 변경 및 해제신고규정에 관하여 **거짓으로 신고**한 자 ⑤ **허가 또는 변경허가**를 받지 아니하고 토지거래계약을 체결한 자 또는 거짓이나 그 밖의 부정한 방법으로 토지거래계약허가를 받은 자 ⑥ 토지거래계약허가를 받아 취득한 토지에 대하여 허가받은 목적대로 **이용**하지 아니한 자
지급금액	포상금은 1건당 50만원으로 한다.	• 위 ①②③④: **부과되는 과태료의 20%를 지급한다**(단, 위 ③은 한도액을 1천만원으로 한다). • 위 ⑤⑥: 50만원을 지급한다.

미지급 사유	규정 없음	① 공무원이 직무와 관련하여 발견한 사실을 신고하거나 고발한 경우 ② 해당 위반행위를 하거나 위반행위에 관여한 자가 신고하거나 고발한 경우 ③ 익명이나 가명으로 신고 또는 고발하여 신고인 또는 고발인을 확인할 수 없는 경우
보조	포상금의 지급에 소요되는 비용 중 **국고에서 보조할 수 있는 비율은 100분의 50 이내**로 한다.	포상금의 지급에 드는 비용은 **시·군이나 구의 재원으로 충당**한다.
지급기한	결정일부터 **1개월 이내**에 포상금을 지급하여야 한다.	신청서가 접수된 날부터 **2개월 이내**에 포상금을 지급하여야 한다.

✓ 암기법 부동산 거래신고 등에 관한 법률상 포상금 지급사유

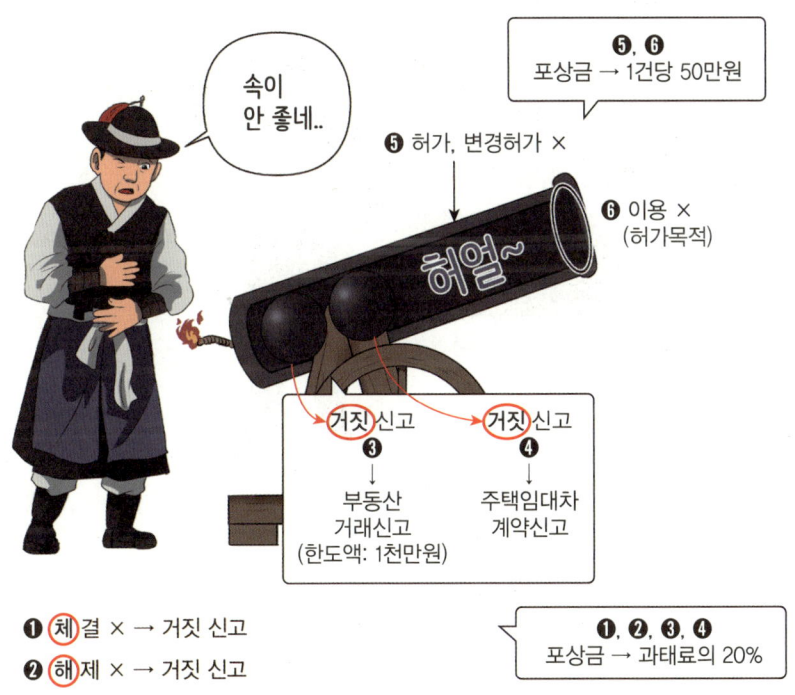

6 500만원 이하의 과태료 ✓암기법

① 부동산 거래신고를 하지 아니한 자(**공동신고를 거부한 자**를 포함한다)
② 부동산거래의 해제 등에 관한 신고를 하지 아니한 자(**공동신고를 거부한 자**를 포함한다)
③ 개업공인중개사에게 부동산 거래신고를 하지 아니하게 하거나 거짓으로 신고하도록 요구한 자
④ 거짓으로 부동산 거래신고를 하는 행위를 조장하거나 방조한 자
⑤ **거래대금 지급을 증명할 수 있는 자료 (외)의 자료**를 제출하지 아니하거나 거짓으로 제출한 자

✓암기법 부동산 거래신고 500만원 이하의 과태료

PART 2 중개실무

최근 10개년 출제비중 **20%**

POINT 31 중개대상물의 조사·확인

1 장사 등에 관한 법률

구분	내용
사설묘지 면적제한	① 개인묘지: 설치(30m² 이내) 후 30일 이내 시·군·구청장에게 신고하여야 한다. ② 기타 사설묘지: 설치 전에 시장·군수·구청장의 허가를 받아야 한다. 　㉠ 가족묘지의 면적: 100m² 이내 　㉡ 종중·문중묘지의 면적: 1천m² 이내 　㉢ 법인묘지의 면적: 10만m² 이상
묘지 설치제한	① 도로·하천·철도 및 그 예정지로부터 200m 이내 설치금지 ② 부락·시장·학교 등으로부터 300m 이내 설치금지

묘지면적	구분	개인묘지	가족묘지	종중·문중묘지	법인묘지
	묘지면적	30m² 이하	100m² 이하	1천m² 이하	10만m² 이상
	묘지설치	사후신고	사전허가		
	점유면적	규정 없음	10m²(합장 15m² 이하)		

구분	내용
분묘존속	원칙: 30년(합장 시 합장일부터 다시 기산한다) ※ 연장신청할 경우: 30년으로 1회에 한하여 연장 가능하다.
분묘철거	설치기간이 최종적으로 종료된 날로부터 1년 이내에 화장 또는 봉안

자연장지	구분	개인	가족	종중·문중	종교단체	공공법인·재단법인
	묘지면적	30m² 미만	100m² 미만	2천m² 이하	4만m² 이하	5만m² 이상
	묘지설치	사후신고	사전신고	사전신고	사전허가	사전허가

2 중개대상물 확인·설명서 작성의무(주거용 건축물 확인·설명서)

기재항목	기재사항		작성방법
(1) 개업공인중개사의 기본 확인사항 (대 , 권 , 토 , 입 , 관 , 비 , 거 , 취)			
① 대상물건의 표시	토지	소재지, 면적, 지목	토지대장·건축물대장등본 등을 확인하여 기재
	건축물	전용면적, 대지지분, 준공년도, 용도, 구조, 방향, **내진설계 적용 여부, 내진능력**, 건축물대장상 위반건축물 여부, 위반내용	
② 권리관계	등기부 기재사항	소유권에 관한 사항, 소유권 외의 권리사항	등기사항증명서를 확인하여 기재
	민간임대등록 여부		임대주택정보체계에 접속하여 확인하거나 임대인에게 확인하여 기재
	계약갱신요구권 행사 여부		확인(확인서류 첨부), 미확인 여부를 기재
	다가구주택 확인서류 제출 여부		**제출(확인서류 첨부), 미제출 여부를 기재**
③ 토지이용계획, 공법상 이용제한 및 거래규제에 관한 사항(토지)	㉠ 건폐율 및 용적률의 상한 ㉡ 도시·군계획시설, 지구단위계획구역 그 밖의 도시·군관리계획 ㉢ 지역·지구, 토지거래허가구역, 공법상 이용제한 및 거래규제사항, 투기지역 여부		㉠ 시·군 조례에 따라 기재 ㉡ 개업공인중개사가 확인한 사실 기재 ㉢ 토지이용계획확인서를 확인하여 기재
④ 임대차 확인사항	㉠ 확정일자 부여현황 정보 ㉡ 국세 및 지방세 체납정보 ㉢ 전입세대 확인서 ㉣ 최우선변제금 ㉤ 민간임대 등록 여부 ㉥ 계약갱신요구권 행사 여부		㉠ 자료제출 또는 열람 동의 ㉡ 자료제출 또는 열람 동의 ㉢ 열람·교부방법 설명 ㉣ 선순위담보물권 설정 당시를 기준으로 함 ㉤ 임대주택정보체계 접속 후 확인하거나 임대인에게 확인 ㉥ 매도인(임대인)으로부터 확인할 수 있는 서류로 확인
⑤ 입지조건 ✓암기법	㉠ 도로와의 관계 ㉡ 대중교통 ㉢ 주차장 ㉣ 교육시설		개업공인중개사가 확인한 사항 기재
⑥ 관리에 관한 사항	경비실 유무 및 관리주체		
⑦ 비선호시설	비선호시설 유무(1km 이내의 장례식장 등)		

기재항목	기재사항	작성방법
⑧ **거**래예정금액 등	거래예정금액, 개별공시지가, 건물공시가격	중개가 완성되기 전의 거래예정금액 등 기재
⑨ **취**득 시 부담할 조세의 종류 및 세율	취득세, 농어촌특별세, 지방교육세	중개가 완성되기 전의 「지방세법」을 확인하여 기재
(2) 개업공인중개사의 세부 확인사항 (**실**, **내**, **벽면**, **환경**) → **실**, **내**, **벽면**만 바꿔봐! → 집안 **환경**이 바뀌어!		
⑩ **실**제 권리관계 또는 공시되지 않은 물건의 권리 사항	유치권, 미등기임차권, 정원수 등	매도·임대의뢰인이 고지한 사항을 기재
✓암기법		
⑪ **내**부·외부 시설물의 상태 (건축물)	수도·전기·가스·소방(단독경보형 감지기)·난방방식·연료공급·승강기·배수·그 밖의 시설물	매도·임대의뢰인에게 관련 **자료를 요구**하여 확인한 사항을 기재
⑫ **벽면**·바닥면 및 도배상태	벽면의 균열·누수 여부, **바닥면의 깨끗함·보통임·수리 필요 및 도배의 깨끗함·필요 정도**	
⑬ **환경**조건	일조량·소음·진동	
⑭ 현장안내	현장안내자	[ ] 개업공인중개사 [ ] 소속공인중개사 [ ] 중개보조원(신분고지 여부)
(3) 중개보수 등에 관한 사항		

⑮ 중개보수 및 실비의 금액과 산출내역

※ 중개보수 및 실비는 개업공인중개사와 중개의뢰인이 협의하여 결정한 금액을 기재하되 '중개보수'는 거래예정금액을 기준으로 계산하고, '산출내역'은 '거래예정금액[임대차의 경우, 임대보증금 + (월 단위의 차임액 × 100) × 중개보수 요율]'과 같이 기재한다(5천만원 미만인 경우, 임대보증금 + 월 단위의 차임액 × 70).

✓ 암기법 기본 확인사항 – 입지조건

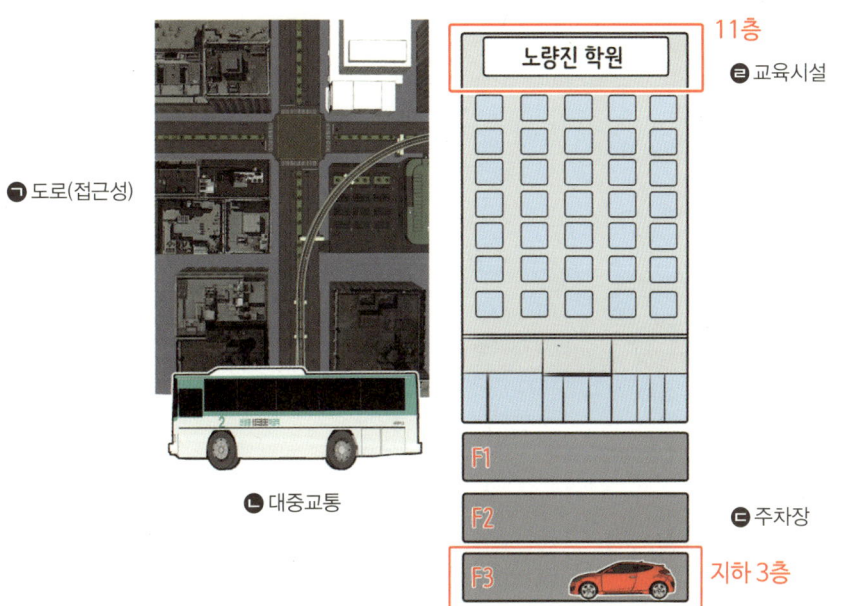

✓ 암기법 세부 확인사항 – 내부·외부시설물의 상태

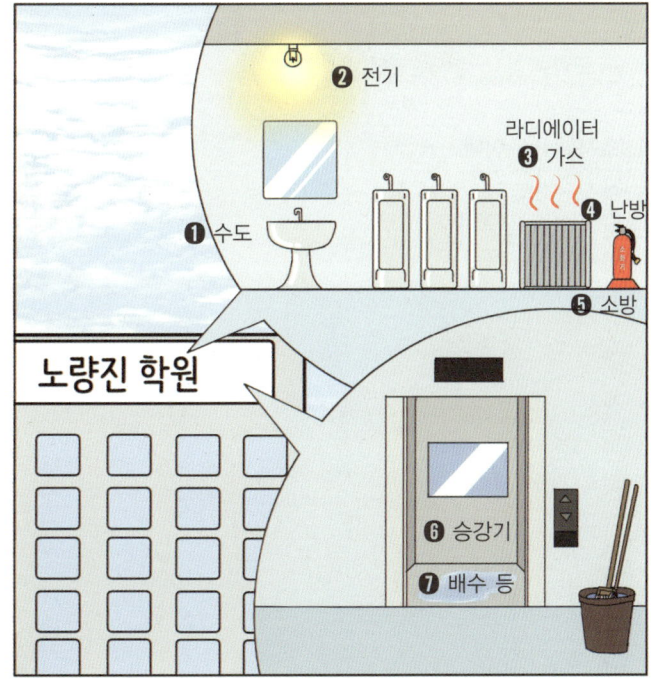

3 확인·설명서 내용 정리

중개대상물 확인·설명사항				확인·설명서(기재사항)			
				I (주거용)	II (비주거용)	III (토지)	IV (입목 등)
1. 기본 확인 사항 [①~⑨]	개업 공인 중개사 확인	① 대상물건의 표시	토지, 건축물(내진설계 적용 여부, 내진능력)	O	O	O	O
		② 권리관계	등기부 기재사항	O	O	O	O
		③ 토지이용계획, 공법상 이용제한 및 거래규제에 관한 사항(토지)	건폐율, 용적률(시·군 조례)	O	O	O	X
			지역·지구 등 (토지이용계획확인서)	O	O	O	X
			도시·군계획시설 등 (개업공인중개사 확인)	O	O	O	X
		④ 임대차 확인사항	확정일자 부여현황 정보, 국세 및 지방세 체납정보, 전입세대 확인서, 최우선변제금, 민간임대 등록 여부, 계약갱신요구권 행사 여부	O	X (계약갱신 요구권 행사 여부)	X (기)	X (권)
		⑤ 입지조건	도로(접근성)	O	O	O	X
			대중교통	O	O	O	X
			주차장	O	O	X	X
			교육시설	O	X	X	X
		⑥ 관리에 관한 사항	경비실, 관리비	O 경비실, 관리비	O 경비실	X	X
		⑦ 비선호시설(1km 이내)		O	X	O	X
		⑧ 거래예정금액 등		O	O	O	O
		⑨ 취득 시 부담할 조세의 종류 및 세율		O	O	O	O

	매도(임대)고지	⑩ 실제 권리관계 또는 공시되지 않은 물건의 권리 사항		O	O	O (실)	O (실)
2. 세부 확인 사항 [⑩~⑭]	매도(임대) 자료 요구	⑪ 내부·외부 시설물의 상태(건축물)	수도	O	O	X	X
			전기	O	O	X	X
			가스(취사용)	O	O	X	X
			소방	O 단독 경보형 감지기	O 소화전, 비상벨	X	X
			난방방식 및 연료공급	O	O	X	X
			승강기	O	O	X	X
			배수	O	O	X	X
			그 밖의 시설물 (가정 자동화시설)	O	O	X	X
		⑫ 벽면·바닥면 및 도배상태	벽면, **바닥면**	O	O	X	X
			도배상태	O	X	X	X
		⑬ 환경조건(일조량, 소음)		O	X	X	X
		⑭ 현장안내	현장안내자	O	X	X	X
3. 중개 보수 (⑮)		⑮ 중개보수 (부가세 별도)	중개보수, 실비, 계, 지급시기	O	O	O	O

⇨ ①, ②, ⑧, ⑨, ⑩, ⑮: 공통적 기재사항

POINT 32 부동산 실권리자명의 등기에 관한 법률

1 명의신탁약정의 유형

구분	내용
3자 간 등기명의신탁	
3자 간 계약명의신탁	

2 명의신탁약정의 벌칙 등

(1) 벌칙
　① 명의신탁자: 5년 이하의 징역 또는 2억원 이하의 벌금
　② 명의수탁자: 3년 이하의 징역 또는 1억원 이하의 벌금

(2) 과징금
　명의신탁자에게 부동산가액의 30%에 해당하는 금액의 범위에서 과징금을 부과한다.

(3) 이행강제금
　① 과징금 부과일로부터 1년이 경과한 경우 부동산평가액의 10%
　② 다시 1년이 경과한 경우 부동산평가액의 20%

POINT 33 주택 및 상가건물 임대차보호법

구분	「주택임대차보호법」	「상가건물 임대차보호법」
적용범위 (암기법)	① **임차인**: **자연인 + 일부법인**(한국토지주택공사, 지방공사, 중소기업기본법 제2조에 규정된 중소기업 법인은 적용된다) ※ 기타 법인 및 법인의 직원명의로 임차한 경우는 적용되지 아니한다. ② **건물**: **주거용 건물의 전부·일부**(주택의 일부가 비주거용으로 사용, 무허가, 미등기 건물도 적용된다) ③ **보증금·차임액과 무관**: 적용	① **임차인**: 자연인·법인 ② **건물**: 사업자등록의 대상이 되는 영업용 건물 ③ **환산보증금의 적용**: 일정액 이하 → 보증금 + (월차임 × 100) ㉠ 서울특별시: 9억원 이하 ㉡ 과밀억제권역, 부산광역시: 6억 9천만원 이하 ㉢ 광역시, 세종특별자치시, 파주시, 화성시, 안산시, 용인시, 김포시 및 광주시: 5억 4천만원 이하 ㉣ 그 밖의 지역: 3억 7천만원 이하
	※ 일시사용을 위한 임대차임이 명백한 경우에는 적용되지 못한다.	
존속기간	2년 보장	1년 보장
	주택 임차인은 2년 미만으로 정한 약정의 유효주장이 가능하다. ※ 상가 임차인은 1년 미만으로 정한 약정의 유효주장이 가능하다. ※ 기간이 만료되어도 보증금이 반환되지 아니하면 → 임대차 존속으로 간주한다.	
법정갱신	① **임대인**: 임차인에게 기간이 만료되기 **6개월 전~2개월 전**까지 갱신거절 등 통지를 하지 아니한 경우 ② **임차인**: 임대인에게 기간이 만료되기 **2개월 전**까지 갱신거절 등 통지를 하지 아니한 경우	① **임대인**: 임차인에게 기간이 만료되기 **6개월 전~1개월 전**까지 갱신거절 등 통지를 하지 아니한 경우 ② 임차인 관련 **법정갱신규정은 없다**.
	※ 법정갱신된 임대차: 전 임대차와 동일한 조건으로 다시 계약한 것으로 보며, 갱신기간은 **주택은 2년, 상가는 1년**으로 간주한다. ※ 법정갱신이 되어도 임차인이 계약해지를 통고 → 3개월 경과 시 효력이 발생한다.	
계약갱신 요구권	주택임차인의 계약갱신요구권 O ① **임차인**: 임대인에게 기간이 만료되기 **6개월 전~2개월 전**에 계약갱신요구가 가능하다. ② 임차인이 **2기**의 차임액에 해당하는 금액에 이르도록 차임을 연체한 사실이 있는 경우, **임대인(직계존속·직계비속을 포함)**이 목적 주택에 실제 거주하려는 경우 **거절**할 수 있다. ③ 갱신기간: 1회에 한하여 행사할 수 있으며, 존속기간은 2년이다. ④ 갱신되는 임대차: 증액의 청구는 약정한 차임이나 보증금의 **20분의 1**의 금액을 초과하지 못한다.	상가임차인의 계약갱신요구권 O ① **임차인**: 임대인에게 기간이 만료되기 **6개월 전~1개월 전**에 계약갱신요구가 가능하다. ② 임차인이 **3기**의 차임액에 해당하는 금액에 이르도록 차임을 연체한 사실이 있는 경우 등에 해당하면 임대인은 임차인의 계약갱신요구를 **거절**할 수 있다. ③ 갱신기간: 최초의 임대차 포함 **10년을 초과할 수 없다.** ④ 갱신되는 임대차: 전 임대차와 동일조건으로 재계약 간주, 차임·보증금은 **100분의 5** 이내에서 증액 가능하다.

구분	「주택임대차보호법」	「상가건물 임대차보호법」
	※ 계약이 갱신되는 경우 「주택임대차보호법」의 임차인은 존속기간 2년의 규정에도 불구하고 언제든지 임대인에게 계약해지를 통지할 수 있다. 이 경우 임대차의 해지는 임대인이 그 통지를 받은 날부터 3개월이 지나면 효력이 발생한다. 하지만 「상가건물 임대차보호법」에서는 동규정이 없다.	
대항력	대항요건: 주택인도 + 전입신고 → 그 다음 날 대항력 발생	대항요건: 상가인도 + 사업자등록신청 → 그 다음 날 대항력 발생 ※ 상가건물의 일부를 임대차한 경우 사업자등록신청 시 임차부분을 표시한 도면을 첨부하여야 한다.
	※ **임차건물 양도 → 양수인은 임대인의 지위를 승계한다.** ※ 대항력의 한계: 임차인의 대항력 발생 전에 임차건물에 저당권, 근저당권, 담보가등기, 가압류, 가등기가 있다면 동 건물의 경매·이전 시 임차인은 경락인·가등기권자에게 대항할 수 없다.	
우선 변제권	① 취득방법: 대항력 + 확정일자 → 우선변제권 발생 ② 효력: 경매 및 공매 시 경락대금을 배당할 때 임차인은 보증금 전액에 대하여 **후순위권리자 기타 채권자보다 우선하여 변제받을 권리**가 있다. ③ 우선변제권의 행사요건: 배당요구 및 건물 인도 ④ 금융기관의 우선변제권 승계: 우선변제권을 취득한 임차인의 보증금반환채권을 계약으로 양수한 은행 등 금융기관은 양수한 금액의 범위에서 우선변제권을 승계한다. 　㉠ 우선변제권을 승계한 금융기관은 임차인이 대항요건을 상실하거나, 임차권등기명령에 따른 임차권등기가 말소되거나, 임대차등기가 말소된 경우에는 우선변제권을 행사할 수 없다. 　㉡ 금융기관은 우선변제권을 행사하기 위하여 임차인을 대리하거나 대위하여 임대차를 해지할 수 없다. ⑤ 이의제기: 이해관계가 있는 자가 경매법원이나 체납처분청에 가능하다.	
임차권 성격	① 임차권은 채권이므로 임차인은 경매신청권이 없다. ② **임차인은 경매신청 시 집행권원이 필요하다. 경매신청 시 반대의무의 이행을 집행개시요건으로 하지 아니한다.**	
임차권 등기명령	① 신청사유: 임대차 종료 후 보증금을 반환받지 못한 경우 ② 관할: 임차건물의 소재지 관할 법원 ③ **임차권등기명령신청 기각: 임차인은 항고 가능하다.** ④ 신청비용: 임차인은 임대인에게 청구 가능하다. ⑤ 임차권등기명령에 따른 임차권등기가 경료된 경우 그 효과 　㉠ **임차인은 대항력 및 우선변제권 취득**(이미 취득한 대항력·우선변제권은 계속 유지된다) 　㉡ **임차인이 대항요건을 상실하더라도 종전에 취득한 대항력과 우선변제권은 상실하지 아니한다.** ※ 임차권등기명령에 의한 임차권등기가 경료된 주택·상가에 새로 임차한 임차인은 **보증금 중 일정액을 우선변제 받을 권리가 없으나 확정일자인에 의한 우선변제권은 인정된다.**	

임차권 승계	사실혼 배우자의 임차권 승계 O ① 상속권자(상속인)가 없는 경우: 가정공동생활을 하던 **사실혼 배우자가 단독 승계** ② 상속권자(상속인)가 있는 경우 　㉠ 상속인이 가정공동생활을 하는 경우: **상속인 단독 승계** 　㉡ 상속인이 가정공동생활을 하지 않는 경우: **사실혼 배우자, 2촌 이내 친족 공동 승계** 　※ 사실혼 배우자는 임차인 사망 후 1개월 이내에 임차권 승계 포기 가능	사실혼 배우자의 임차권 승계 X
증감청구	증액제한: 20분의 1을 초과할 수 없다. ※ 임대차계약체결 후 1년 이내 및 증액 후 1년 이내에는 증액할 수 없다. ※ 주택임대차기간 만료 전 또는 기간 만료 후 합의로 재계약하는 경우: 증액제한 없다.	증액제한: 100분의 5를 초과할 수 없다.
차임전환	연 1할과 기준금리에 2%를 더한 비율 중 낮은 비율을 초과할 수 없다.	연 1할 2푼과 기준금리에 4.5배를 곱한 비율 중 낮은 비율을 초과할 수 없다.
자료 등 제공요청	주택임대차 이해관계인 등이 확정일자부여기관에 정보제공요청 → 정당한 이유 없이 거절할 수 없다. ① **임대차계약 당사자의 요청사항**: 임대차목적물, 확정일자 부여일자, 차임·보증금, 임대차기간, **임대인·임차인 인적사항** ② **임대차계약의 당사자가 아닌 자의 요청사항**: 임대차목적물, 확정일자 부여일, 차임·보증금, 임대차기간	상가임대차에 이해관계가 있는 자는 세무서장에게 임대차 관련 자료·현황서 제공 등을 요청 가능 → 정당한 이유 없이 거절할 수 없다.
전대차	규정 없음	계약갱신요구권, 차임 등의 증감청구권, 월차임 전환 시 산정율 제한규정은 전대차 관계에 적용한다.

✓ 암기법 주택임대차보호법상 최우선변제금액

선순위담보물권 설정등기일	지역	소액보증금 규모	최우선변제액
2023.2.21. ~현재	서울특별시	1억 6,500만원 이하	5,500만원까지
	과밀억제권역(서울 제외), 세종특별자치시, 용인시, 화성시 및 김포시	1억 4,500만원 이하	4,800만원까지
	광역시(과밀억제권역 제외, 군지역 제외), 안산시, 광주시, 파주시, 이천시 및 평택시	8,500만원 이하	2,800만원까지
	그 밖의 지역	7,500만원 이하	2,500만원까지

✓ 암기법 상가건물 임대차보호법상 적용범위 암기방법

❶ 적용대상 보증금액

지역	보증금액
서울특별시	9억원 이하
과밀억제권역, 부산광역시	6억 9천만원 이하
광역시, 세종특별자치시, 파주시, 화성시, 안산시, 용인시, 김포시 및 광주시	5억 4천만원 이하
그 밖의 지역	3억 7천만원 이하

❷ 위 ❶의 규정에도 불구하고 다음의 경우는 보증금을 초과하는 임대차에 대하여도 적용된다.

증, 권, 계, 대, 표, (3), 양, 폐업 → 증권계대표가 삼양라면을 좋아한다.

그러나 코로나로 폐업했다.

┌───
│ ㉠ 차임 및 보증금의 증감청구
│   → 보증금을 초과하는 임대차는 5% 초과 금지규정이 적용되지 않는다.
│ ㉡ 권리금 보호규정: 3기에 달하는 차임 연체 시 계약해지 가능
│   → 보증금을 초과하는 임대차의 경우도 권리금 관련 규정은 적용된다.
│ ㉢ 임차인의 계약갱신요구권
│   → 보증금을 초과한 임대차의 경우도 10년을 넘지 않는 범위 내에서 인정된다.
│ ㉣ 대항력: 양수인은 전 임대인의 지위를 승계한다.
│ ㉤ 표준계약서 작성
│   → 법무부장관은 국토교통부장관과 협의를 거쳐 상가건물 임대차 표준계약서를 정하여 그 사용을 권장할 수 있다.
└───

ⓒ 폐업으로 인한 임차인의 해지권
  ⓐ 임차인은 「감염병의 예방 및 관리에 관한 법률」에 따른 집합제한 또는 금지조치(운영시간을 제한한 조치를 포함한다)를 총 3개월 이상 받음으로써 발생한 경제사정의 중대한 변동으로 폐업한 경우에는 임대차계약을 해지할 수 있다.
  ⓑ 위 ⓐ에 따른 해지는 임대인이 계약해지의 통고를 받은 날부터 3개월이 지나면 효력이 발생한다.

✓암기법 상가건물 임대차보호법상 최우선변제금액

→ 차번호는 '65 22'

지역	보증금액	
	임차인 범위 → 환산보증금	최우선변제 한도 → 보증금
서울특별시	6,500만원 이하	2,200만원까지
과밀억제권역(인천 포함)	5,500만원 이하	1,900만원까지
광역시, 안산시, 용인시, 김포시 및 광주시	3,800만원 이하	1,300만원까지
그 밖의 지역	3,000만원 이하	1,000만원까지

✓암기법 상가건물 임대차보호법상 최우선변제금액

❶ 서울 6522
❷ 과밀 5,500 밀지 마세요 ~오오!!
❸ 광역시 3,800
❹ 그 밖의 지역 3,000

POINT 34 경매대리업무

1 법원경매

구분		내용
진행방법		기일입찰, 기간입찰, 호가경매 3가지 방식 중 집행법원이 정한다.
종류	강제경매	경매신청 시 **집행권원 필요**
	임의경매	경매신청 시 **집행권원 필요 X**
권리분석	무조건 인수권리	유치권(경매등기 전부터 점유하고 있는 경우), 법정지상권, 분묘기지권
	무조건 말소권리	**저당권, 근저당권, 압류, 가압류, 담보가등기, 경매신청등기 등** ※ 저당권, 근저당권, 압류, 가압류, 담보가등기, 경매신청등기 중 가장 먼저 설정된 권리를 말소기준권리라고 하며, 말소기준권리보다 후에 설정된 권리들은 말소기준권리와 함께 소멸하고, 말소기준권리보다 먼저 설정된 권리들은 매수인이 인수한다.
	주의	말소기준권리보다 먼저 설정된 임차권 · 전세권도 배당요구의 종기까지 배당을 요구하면 소멸한다.

✓암기법 경매절차(민사집행법)

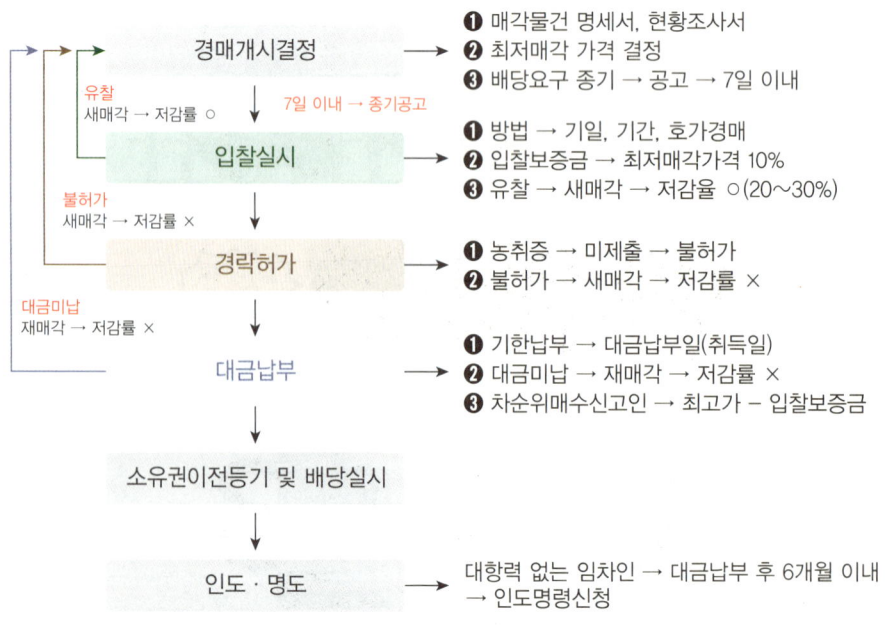

2 매수신청대리등록

구분	중개사무소 개설등록 ✓암기법	매수신청대리인 등록 ✓암기법
등록신청자	① 공인중개사 ② 법인 ※ 소속공인중개사, 개업공인중개사: 등록신청 불가	① 공인중개사인 개업공인중개사 ② 법인인 개업공인중개사 ※ 법 부칙 제6조 제2항에 규정된 개업공인중개사, 소속공인중개사, 일반공인중개사: 등록신청 불가
등록관청	중개사무소 관할 시·군·구청장	중개사무소 관할 지방법원장
등록제한	등록 등 결격사유자(금고 이상 실형: 3년)	① 매수신청대리인등록취소 후 3년 미경과자 ② 경매 관련 유죄판결 확정 후 2년 미경과자 등

등록신청 전 조치사항	① 중개 관련 실무교육 이수(시·도지사가 실시)
	※ 법인은 대표자, 임원·사원 전원
	② 중개사무소 건물확보
	※ 업무보증은 등록 후 업무 개시 전에 설정
		① 경매 관련 실무교육 이수
		  ㉠ 법원행정처장이 지정하는 교육기관에서 이수
		  ㉡ 법인은 대표자가 이수
		② 경매 관련 최소업무보증설정
		  ㉠ 공인중개사인 개업공인중개사: 2억원
		  ㉡ 법인인 개업공인중개사: 4억원(분사무소는 2억원)
		※ 공탁금회수제한: 사망·해산, 폐업 후 3년간 제한된다.

수수료 납부	조례로 정한 금액	정부수입인지 납부
등록처분	① 등록신청 후 7일 이내 등록통지 ② 등록 후 업무보증설정신고 → 중개사무소등록증 교부 ※ 공탁금 회수제한: 사망·해산, 폐업 후 3년간	등록신청 후 14일 이내 등록통지 및 매수신청대리인등록증 교부
취급물건	① 토지 ② 건축물 그 밖의 토지의 정착물 ③ 입목 ④ 광업재단 및 공장재단	좌동(전국 법원의 법정 중개대상물)
업무범위	중개업무	대리업무범위 ① 매수신청 보증의 제공 ② 입찰표의 작성 및 제출 ③ 차순위 매수신고 ④ 매수신청보증금의 반환신청 ⑤ 공유자 우선매수신고 ⑥ 임차인의 임대주택 우선매수신고 ⑦ 차순위매수신고인의 지위포기
고용인의 업무수행	소속공인중개사: 중개업무 수행 가능	개업공인중개사가 매각장소 또는 집행장소(법원)에 직접 출석해야 한다. ※ 소속공인중개사등은 대리출석할 수 없다.

34 경매대리업무

구분	중개사무소 개설등록 ✓암기법	매수신청대리인 등록 ✓암기법
확인 · 설명할 사항	① 중개대상물 기본적인 사항 ② 벽면 · 바닥면 및 도배상태 ③ 입지조건 및 환경조건 ④ 권리관계 ⑤ 토지이용계획, 공법상 이용제한 및 거래규제에 관한 사항 ⑥ 거래예정금액 ⑦ 중개보수 및 실비의 금액과 그 산출내역 ⑧ 권리를 취득함에 따라 부담하여야 할 조세의 종류 및 세율 ⑨ 관리비 금액과 그 산출내역 ⑩ 임대인의 정보 제시 의무 및 보증금 중 일정액의 보호에 관한 사항 ⑪ 전입세대확인서의 열람 또는 교부에 관한 사항 ⑫ 임대보증금에 대한 보증에 관한 사항 ※ 다만, 위 ⑨~⑫는 주택임대차 중개의 경우에만 적용한다.	① 위임계약 체결 전에 설명할 사항: 매수신청대리의 보수표와 보수 ② 위임을 받은 후에 설명할 사항: **매수신청대리 대상물의 표시, 권리관계, 제한사항, 경제적 가치, 부담 및 인수할 권리**
확인 · 설명서	① 중개가 완성된 때 작성 ② 3년 보존	① 위임계약을 체결한 때 작성 ② 5년 보존(사건카드에 철하여 함께 보존)
영수증	작성 · 교부의무 X	작성 · 교부의무 O
업무정지 처분	6개월 범위 내 ※ 업무정지사실 표시의무 X	1개월 이상 2년 이하 범위 내 ※ 업무정지사실 출입문에 표시의무 O
업무방식	중개행위	대리행위 ※ 매 사건마다 대리권증명서면을 법원에 제출
게시서류	① 중개사무소등록증 원본(분사무소는 신고확인서 원본) ② **공인중개사자격증 원본** ③ 중개 관련 업무보증설정 증명서류 ④ 중개보수 및 실비표	① 매수신청대리인 등록증 ② 매수신청대리 관련 업무보증설정증명서류 ③ 매수신청대리 등 보수표
금지행위	① 중개대상물 매매업 ② 무등록중개업자로부터 의뢰받거나 명의대여 ③ 법정범위 초과보수 수수 ④ 거짓된 언행 ⑤ 금지증서의 중개 · 매매업 ⑥ 직접거래, 쌍방대리 ⑦ 미등기전매를 중개하는 등 부동산투기조장 ⑧ 중개대상물의 시세에 부당한 영향을 주거나 줄 우려가 있는 행위	① 이중으로 매수신청대리인 등록신청을 하는 행위 ② 매수신청대리인이 된 사건에 있어서 매수신청인으로서 매수신청을 하는 행위 ③ 동일부동산에 대하여 이해관계가 다른 2인 이상의 대리인이 되는 행위 ④ 명의, 등록증 양도 또는 대여하는 행위 ⑤ 다른 개업공인중개사의 명의를 사용하는 행위 ⑥ 경매 · 입찰방해죄에 해당하는 행위

⑨ 단체를 구성하여 특정 중개대상물에 대하여 중개를 제한하거나 공동중개를 제한하는 행위 ⑩ 특정 개업공인중개사 등에 대한 중개의뢰를 제한하거나 제한을 유도하는 행위 ⑪ 특정 개업공인중개사 등에게만 중개의뢰를 하도록 유도하는 행위 ⑫ 특정 가격 이하로 중개를 의뢰하지 아니하도록 유도하는 행위 ⑬ 정당한 표시·광고행위를 방해하는 행위 ⑭ 중개대상물을 시세보다 현저하게 높게 표시·광고하도록 강요하는 행위	⑦ 사건카드 또는 확인·설명서에 허위기재, 필수적 기재사항을 누락하는 행위 ⑧ 그 밖의 다른 법령에 따라 금지되는 행위

✔암기법 중개업무 & 대리업무내용

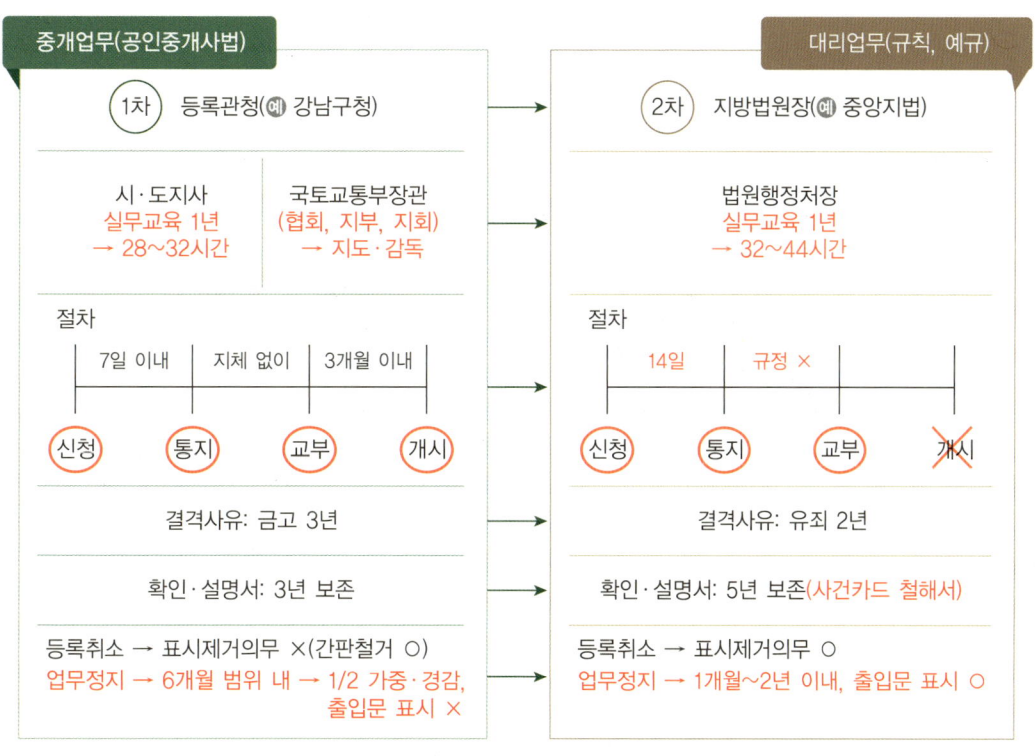

에듀윌이
너를
지지할게

ENERGY

삶의 순간순간이
아름다운 마무리이며
새로운 시작이어야 한다.

– 법정 스님

MEMO

MEMO

MEMO

2025 에듀윌 공인중개사 임선정
그림 암기법 공인중개사법령 및 중개실무

발 행 일	2025년 2월 27일 초판
편 저 자	임선정
펴 낸 이	양형남
펴 낸 곳	(주)에듀윌
I S B N	979-11-360-3671-1
등록번호	제25100-2002-000052호
주 소	08378 서울특별시 구로구 디지털로34길 55 코오롱싸이언스밸리 2차 3층

* 이 책의 무단 인용·전재·복제를 금합니다.

www.eduwill.net
대표전화 1600-6700

여러분의 작은 소리
에듀윌은 크게 듣겠습니다.

본 교재에 대한 여러분의 목소리를 들려주세요.
공부하시면서 어려웠던 점, 궁금한 점,
칭찬하고 싶은 점, 개선할 점, 어떤 것이라도 좋습니다.

에듀윌은 여러분께서 나누어 주신 의견을
통해 끊임없이 발전하고 있습니다.

에듀윌 도서몰 book.eduwill.net
- 부가학습자료 및 정오표: 에듀윌 도서몰 → 도서자료실
- 교재 문의: 에듀윌 도서몰 → 문의하기 → 교재(내용, 출간) / 주문 및 배송

에듀윌 직영학원에서 합격을 수강하세요

언제나 전문 학습 매니저와 상담이 가능한 안내데스크

고품질 영상 및 음향 장비를 갖춘 최고의 강의실

재충전을 위한 카페 분위기의 아늑한 휴게실

에듀윌의 상징 노란색의 환한 학원 입구

에듀윌 직영학원 대표전화

공인중개사 학원 02)815-0600	공무원 학원 02)6328-0600	편입 학원 02)6419-0600
주택관리사 학원 02)815-3388	소방 학원 02)6337-0600	부동산아카데미 02)6736-0600
전기기사 학원 02)6268-1400		

공인중개사학원 바로가기

합격하고 꼭 해야 할 것 1

에듀윌 공인중개사
동문회 특권

1. 에듀윌 공인중개사 합격자 모임

2. 앰배서더 가입 자격 부여

3. 동문회 인맥북
업계 최대 네트워크

4. 개업 축하 선물

5. 온라인 커뮤니티
부동산 정보 실시간 공유

6. 오프라인 커뮤니티

지부/기수 정기모임

7. 공인중개사 취업박람회

8. 동문회 주최 실무 특강

9. 프리미엄 복지혜택
숙박/자기계발/의료 및 소식지 무료 구독

10. 마이오피스
동문 사무소 등록/조회

11. 동문회와 함께하는 사회공헌활동

※ 본 특권은 회원별로 상이하며, 예고 없이 변경될 수 있습니다.

에듀윌 공인중개사 동문회 | dongmun.eduwill.net
문의 | 1600-6700

합격하고 꼭 해야 할 것 2

에듀윌 부동산 아카데미 강의 듣기

성공 창업의 필수 코스
부동산 창업 CEO 과정

1 튼튼 창업 기초
- 창업 입지 컨설팅
- 중개사무 문서작성
- 성공 개업 실무TIP

2 중개업 필수 실무
- 온라인 마케팅
- 세금 실무
- 토지/상가 실무
- 재개발/재건축

3 실전 Level-Up
- 계약서작성 실습
- 중개영업 실무
- 사고방지 민법실무
- 빌딩 중개 실무
- 부동산경매

4 부동산 투자
- 시장 분석
- 투자 정책

부동산으로 성공하는
컨설팅 전문가 3대 특별 과정

마케팅 마스터
- 데이터 분석
- 블로그 마케팅
- 유튜브 마케팅
- 실습 샘플 파일 제공

디벨로퍼 마스터
- 부동산 개발 사업
- 유형별 절차와 특징
- 토지 확보 및 환경 분석
- 사업성 검토

빅데이터 마스터
- QGIS 프로그램 이해
- 공공데이터 분석 및 활용
- 컨설팅 리포트 작성
- 토지 상권 분석

경매의 神과 함께 '중개'에서
'경매'로 수수료 업그레이드

- 공인중개사를 위한 경매 실무
- 투자 및 중개업 분야 확장
- 고수들만 아는 돈 되는 특수 물권
- 이론(기본) - 이론(심화) - 임장 3단계 과정
- 경매 정보 사이트 무료 이용

실전 경매의 神
안성선
이주왕
장석태

에듀윌 부동산 아카데미 | uland.eduwill.net
문의 | 온라인 강의 1600-6700, 학원 강의 02)6736-0600

꿈을 현실로 만드는
에듀윌

DREAM

공무원 교육
- 선호도 1위, 신뢰도 1위! 브랜드만족도 1위!
- 합격자 수 2,100% 폭등시킨 독한 커리큘럼

자격증 교육
- 9년간 아무도 깨지 못한 기록 합격자 수 1위
- 가장 많은 합격자를 배출한 최고의 합격 시스템

직영학원
- 검증된 합격 프로그램과 강의
- 1:1 밀착 관리 및 컨설팅
- 호텔 수준의 학습 환경

종합출판
- 온라인서점 베스트셀러 1위!
- 출제위원급 전문 교수진이 직접 집필한 합격 교재

어학 교육
- 토익 베스트셀러 1위
- 토익 동영상 강의 무료 제공

콘텐츠 제휴 · B2B 교육
- 고객 맞춤형 위탁 교육 서비스 제공
- 기업, 기관, 대학 등 각 단체에 최적화된 고객 맞춤형 교육 및 제휴 서비스

부동산 아카데미
- 부동산 실무 교육 1위!
- 상위 1% 고소득 창업/취업 비법
- 부동산 실전 재테크 성공 비법

학점은행제
- 99%의 과목이수율
- 17년 연속 교육부 평가 인정 기관 선정

대학 편입
- 편입 교육 1위!
- 최대 200% 환급 상품 서비스

국비무료 교육
- '5년우수훈련기관' 선정
- K-디지털, 산대특 등 특화 훈련과정
- 원격국비교육원 오픈

에듀윌 교육서비스 **공무원 교육** 9급공무원/소방공무원/계리직공무원 **자격증 교육** 공인중개사/주택관리사/손해평가사/감정평가사/노무사/전기기사/경비지도사/검정고시/소방설비기사/소방시설관리사/사회복지사1급/대기환경기사/수질환경기사/건축기사/토목기사/직업상담사/전기기능사/산업안전기사/건설안전기사/위험물산업기사/위험물기능사/유통관리사/물류관리사/행정사/한국사능력검정/한경TESAT/매경TEST/KBS한국어능력시험·실용글쓰기/IT자격증/국제무역사/무역영어 **어학 교육** 토익 교재/토익 동영상 강의 **세무/회계** 전산세무회계/ERP정보관리사/재경관리사 **대학 편입** 편입 영어·수학/연고대/의약대/경찰대/논술/면접 **직영학원** 공무원학원/소방학원/공인중개사 학원/주택관리사 학원/전기기사 학원/편입학원 **종합출판** 공무원·자격증 수험교재 및 단행본 **학점은행제** 교육부 평가인정기관 원격평생교육원(사회복지사2급/경영학/CPA) **콘텐츠 제휴·B2B 교육** 교육 콘텐츠 제휴/기업 맞춤 자격증 교육/대학취업역량 강화 교육 **부동산 아카데미** 부동산 창업CEO/부동산 경매 마스터/부동산 컨설팅 **주택취업센터** 실무 특강/실무 아카데미 **국비무료 교육(국비교육원)** 전기기능사/전기(산업)기사/소방설비(산업)기사/IT(빅데이터/자바프로그램/파이썬)/게임그래픽/3D프린터/실내건축디자인/웹퍼블리셔/그래픽디자인/영상편집(유튜브) 디자인/온라인 쇼핑몰광고 및 제작(쿠팡, 스마트스토어)/전산세무회계/컴퓨터활용능력/ITQ/GTQ/직업상담사

교육 문의 **1600-6700** www.eduwill.net

- 2022 소비자가 선택한 최고의 브랜드 공무원·자격증 교육 1위 (조선일보) • 2023 대한민국 브랜드만족도 공무원·자격증·취업·학원·편입·부동산 실무 교육 1위 (한경비즈니스) • 2017/2022 에듀윌 공무원 과정 최종 환급자 수 기준 • 2023년 성인 자격증, 공무원 직영학원 기준 • YES24 공인중개사 부문, 2025 에듀윌 공인중개사 오시훈 합격서 부동산공법(핵심이론+체계도) (2025년 1월 월별 베스트) • 교보문고 취업/수험서 부문, 2020 에듀윌 농협은행 6급 NCS 직무능력평가+실전모의고사 4회 (2020년 1월 27일~2월 5일, 인터넷 주간 베스트) 그 외 다수 YES24 컴퓨터활용능력 부문, 2024 컴퓨터활용능력 1급 필기 초단기끝장(2023년 10월 3~4주 주별 베스트) 그 외 다수 인터파크 자격서/수험서 부문, 에듀윌 한국사능력검정시험 2주끝장 심화 (1, 2, 3급) (2020년 6~8월 월간 베스트) 그 외 다수 • YES24 국어 외국어사전 영어 토익/TOEIC 기출문제/모의고사 분야 베스트셀러 1위 (에듀윌 토익 READING RC 4주끝장 리딩 종합서, 2022년 9월 4주 주별 베스트) • 에듀윌 토익 교재 입문~실전 인강 무료 제공 (2022년 최신 강좌 기준/109강) • 2024년 종강반 중 모든 평가항목 정상 참여자 기준, 99% (평생교육원 기준) • 2008년~2024년까지 234만 누적수강학점으로 과목 운영 (평생교육원 기준) • 에듀윌 국비교육원 구로센터 고용노동부 지정 "5년우수훈련기관" 선정 (2023~2027) • KRI 한국기록원 2016, 2017, 2019년 공인중개사 최다 합격자 배출 공식 인증 (2025년 현재까지 업계 최고 기록)